铁路改革研究丛书

铁路混合所有制研究

左大杰 等 著

西南交通大学出版社

·成 都·

图书在版编目（ＣＩＰ）数据

铁路混合所有制研究 / 左大杰等著. —成都：西
南交通大学出版社，2020.6
（铁路改革研究丛书）
ISBN 978-7-5643-7451-8

Ⅰ.①铁… Ⅱ.①左… Ⅲ.①铁路运输 – 混合所有制
– 研究 – 中国 Ⅳ.①F532.1

中国版本图书馆 CIP 数据核字（2020）第 097820 号

铁路改革研究丛书
Tielu Hunhe Suoyouzhi Yanjiu
铁路混合所有制研究

左大杰 等 著

责 任 编 辑	周　杨	
封 面 设 计	曹天擎	
出 版 发 行	西南交通大学出版社	
	（四川省成都市金牛区二环路北一段 111 号	
	西南交通大学创新大厦 21 楼）	
发 行 部 电 话	028-87600564　028-87600533	
邮 政 编 码	610031	
网　　　址	http://www.xnjdcbs.com	
印　　　刷	四川煤田地质制图印刷厂	
成 品 尺 寸	170 mm×230 mm	
印　　　张	12.5	
字　　　数	184 千	
版　　　次	2020 年 6 月第 1 版	
印　　　次	2020 年 6 月第 1 次	
书　　　号	ISBN 978-7-5643-7451-8	
定　　　价	82.00 元	

总 序

我国铁路改革始于 20 世纪 70 年代末。在过去的 40 多年里，铁路的数次改革均因铁路自身的发展不足或改革的复杂性而搁置，铁路改革已大大滞后于国家的整体改革和其他行业改革，因而铁路常被称为"计划经济最后的堡垒"。2013 年 3 月，国家铁路局和中国铁路总公司①（以下简称铁总）分别成立，我国铁路实现了政企分开，铁路管理体制改革再一次成为行业研究的热点。

以中国共产党第十八届中央委员会第三次全体会议（简称中共十八届三中全会）为标志，全面深化铁路改革已经站在新的历史起点上。在新的时代背景下，全面深化铁路改革，必须充分考虑当前我国的国情、路情及铁路行业发展中新的关键问题，并探索解决这些关键问题的方法。经过较长时间的调研与思考，作者认为当前深化铁路改革必须解决如下 12 个关键问题。

第一，铁路国家所有权政策问题。国家所有权政策是指有关国家出资和资本运作的公共政策，是国家作为国有资产所有者要实现的总体目标，以及国有企业为实现这些总体目标而制定的实施战略。目前，如何处理国家与铁路之间的关系，如何明确国有经济在铁路行业的功能定位与布局，以及国有经济如何在铁路领域发挥作用，是全面深化铁路改革在理论层面的首要关键问题。

第二，铁路网运关系问题。铁路网运合一、高度融合的经营管理体制，是阻碍社会资本投资铁路的"玻璃门"，也是铁路混合所有制难以推进、公益性补偿机制难以形成制度性安排的根源，因而是深化铁路改革难以逾越的体制性障碍。如何优化铁路网运关系，是全面深化

---

① 2019 年 6 月 18 日，中国铁路总公司正式改制挂牌成立中国国家铁路集团有限公司。

铁路改革在实践层面的首要关键问题。

第三，铁路现代企业制度问题。中共十八届三中全会明确提出，必须适应市场化、国际化的新形势，进一步深化国有企业改革，推动国有企业完善现代企业制度。我国铁路除了工程、装备领域企业之外，铁总及所属 18 个铁路局[①]、3 个专业运输公司绝大多数均尚未建立起完善且规范的现代企业制度，公司制、股份制在运输主业企业中还不够普及。

第四，铁路混合所有制问题。发展铁路混合所有制不仅可以提高铁路国有企业的控制力和影响力，还能够提升铁路企业的竞争力。当前[②]我国铁路运输主业仅有 3 家企业（分别依托 3 个上市公司作为平台）具有混合所有制的特点，铁总及其所属企业国有资本均保持较高比例甚至达到 100%，铁路国有资本总体影响力与控制力极弱。

第五，铁路投融资体制问题。"铁路投资再靠国家单打独斗和行政方式推进走不动了，非改不可。投融资体制改革是铁路改革的关键，要依法探索如何吸引社会资本参与。"[③]虽然目前从国家、各部委到地方都出台了一系列鼓励社会资本投资铁路的政策，但是效果远不及预期，铁路基建资金来源仍然比较单一，阻碍社会资本进入铁路领域的"玻璃门"依然存在。

第六，铁路债务处置问题。铁总在政企分开后承接了原铁道部的资产与债务，这些巨额债务长期阻碍着铁路的改革与发展。2016 年，铁总负债已达 4.72 万亿元（较上年增长 15%），当年还本付息就达到 6 203 亿元（较上年增长 83%）；随着《中长期铁路网规划（2016—2030）》（发改基础〔2016〕1536 号）的不断推进，如果铁路投融资体制改革不能取得实质性突破，铁路债务总体规模将加速扩大，铁路债务风险将逐步累积。

---

① 2017 年 7 月"铁路改革研究丛书"第一批两本书出版时，18 个铁路局尚未改制为集团有限公司，为保持丛书总序主要观点一致，此次修订仍然保留了原文的表述方式（类似情况在丛书总序中还有数处）。

② 此处是指 2017 年 7 月"铁路改革研究丛书"第一批两本书出版的时间。截至本丛书总序此次修订时，铁路混合所有制已经取得了积极进展，但是铁路国有资本总体影响力与控制力仍然较弱。

③ 2014 年 8 月 22 日，国务院总理李克强到中国铁路总公司考察时做出上述指示。

第七，铁路运输定价机制问题。目前，铁路运输定价、调价机制还比较僵化，适应市场的能力还比较欠缺，诸多问题导致铁路具有明显技术优势的中长途以及大宗货物运输需求逐渐向公路运输转移。建立科学合理、随着市场动态调整的铁路运价机制，对促进交通运输供给侧结构性改革、促进各种运输方式合理分工具有重要意义。

第八，铁路公益性补偿问题。我国修建了一定数量的公益性铁路，国家铁路企业承担着大量的公益性运输。当前铁路公益性补偿机制存在制度设计缺失、补偿对象不明确、补偿方式不完善、补偿效果不明显、监督机制缺乏等诸多问题。公益性补偿机制设计应从公益性补偿原理、补偿主体和对象、补偿标准、保障机制等方面入手，形成一个系统的制度性政策。

第九，铁路企业运行机制问题。目前，国家铁路企业运行机制仍受制于铁总、铁路局两级法人管理体制，在前述问题得到有效解决之前，铁路企业运行的有效性和市场化不足。而且，铁总和各铁路局目前均为全民所有制企业，实行总经理（局长）负责制，缺少现代企业制度下分工明确、有效制衡的企业治理结构，决策与执行的科学性有待进一步提高。

第十，铁路监管体制问题。铁路行业已于 2013 年 3 月实现了政企分开，但目前在市场准入、运输安全、服务质量、出资人制度、国有资产保值/增值等方面的监管还比较薄弱，存在监管能力不足、监管职能分散等问题，适应政企分开新形势的铁路监管体制尚未形成。

第十一，铁路改革保障机制问题。全面深化铁路改革涉及经济社会各方面的利益，仅依靠行政命令等形式推进并不可取。只有在顶层设计、法律法规、技术支撑、人力资源以及社会舆论等保障层面形成合力，完善铁路改革工作保障机制，才能推进各阶段工作的有序进行。目前，铁路改革的组织领导保障、法律法规保障、技术支撑保障、人力资源保障、社会舆论环境等方面没有形成合力，个别方面还十分薄弱。

第十二，铁路改革目标路径问题。中共十八届三中全会以来，电力、通信、油气等关键领域改革已取得重大突破，但关于铁路改革的顶层设计尚未形成或公布。个别非官方的改革方案对我国国情与铁路的实际情况缺乏全面考虑，并对广大铁路干部职工造成了较大困扰。

"十三五"是全面深化铁路改革的关键时期，当前亟须结合我国铁路实际研讨并确定铁路改革的目标与路径。

基于上述对铁路改革发展 12 个关键问题的认识，作者经过广泛调研并根据党和国家有关政策，初步形成了一系列研究成果，定名为"铁路改革研究丛书"，主要包括 12 本专题和 3 本总论。

（1）《铁路国家所有权政策研究》：铁路国家所有权政策问题是全面深化铁路改革在理论层面的首要关键问题。本书归纳了国外典型行业的国家所有权政策的实践经验及启示，论述了我国深化国有企业改革过程中在国家所有权政策方面的探索，首先阐述了铁路国家所有权政策的基本概念、主要特征和内容，然后阐述了铁路的国家所有权总体政策，并分别阐述了铁路工程、装备、路网、运营、资本等领域的国家所有权具体政策。

（2）《铁路网运关系调整研究》：铁路网运关系调整是全面深化铁路改革在实践层面的首要关键问题。本书全面回顾了国内外网络型自然垄断企业改革的成功经验（特别是与铁路系统相似度极高的通信、电力等行业的改革经验），提出了"路网宜统、运营宜分、统分结合、网运分离"的网运关系调整方案，并建议网运关系调整应坚持以"顶层设计＋自下而上"的路径进行。

（3）《铁路现代企业制度研究》：在现代企业制度基本理论的基础上，结合国外铁路现代企业制度建设的相关经验和国内相关行业的各项实践及其启示，立足于我国铁路建立现代企业制度的现状，通过理论研究与实践分析相结合的方法，提出我国铁路现代企业制度建设的总体思路和实施路径，包括铁总改制阶段、网运关系调整阶段的现代企业制度建设以及现代企业制度的进一步完善等实施路径。

（4）《铁路混合所有制研究》：我国国家铁路企业所有制形式较为单一，亟须通过混合所有制改革扩大国有资本控制力，扩大社会资本投资铁路的比例，但是网运合一、高度融合的体制是阻碍铁路混合所有制改革的"玻璃门"。前期铁路网运关系的调整与现代企业制度的建立为铁路混合所有制改革创造了有利条件。在归纳分析混合所有制政策演进以及企业实践的基础上，阐述了我国铁路混合所有制改革的总体思路、实施路径、配套措施与保障机制。

（5）《铁路投融资体制研究》：以铁路投融资体制及其改革为研究对象，探讨全面深化铁路投融资体制改革的对策与措施。在分析我国铁路投融资体制改革背景与目标的基础上，借鉴了其他行业投融资改革实践经验，认为铁路产业特点与网运合一体制是阻碍社会资本投资铁路的主要原因。本书研究了投资决策过程、投资责任承担和资金筹集方式等一系列铁路投融资制度，并从投融资体制改革的系统性原则、铁路网运关系调整（基于统分结合的网运分离）、铁路现代企业制度的建立、铁路混合所有制的建立等方面提出了深化铁路投融资体制改革的对策与措施。

（6）《铁路债务处置研究》：在分析国内外相关企业债务处置方式的基础上，根据中共十八大以来党和国家国有企业改革的有关政策，提出应兼顾国家、企业利益，采用"债务减免""债转资本金""债转股""产权（股权）流转"等措施合理处置铁路巨额债务，并结合我国国情、路情以及相关政策，通过理论研究和实践分析，提出了我国铁路债务处置的思路与实施条件。

（7）《铁路运输定价机制研究》：在铁路运价原理的基础上阐述价值规律、市场、政府在铁路运价形成过程中的作用，阐述了成本定价、竞争定价、需求定价3种方式及其适用范围，研究提出了针对具有公益性特征的路网公司采用成本导向定价，具有商业性特征的运营公司采用竞争导向定价的运价改革思路。

（8）《铁路公益性补偿机制研究》：分析了当前我国铁路公益性面临补贴对象不明确、补贴标准不透明、制度性安排欠缺等问题，认为公益性补偿机制设计应从公益性补偿原理、补偿主体和对象、补偿标准、保障机制等方面形成一个系统的制度性政策，并从上述多个层面探讨了我国铁路公益性补偿机制建立的思路和措施。

（9）《铁路企业运行机制研究》：国家铁路企业运行机制仍受制于铁总、铁路局两级法人管理体制，企业内部缺乏分工明确、有效制衡的企业治理结构。在归纳分析国外铁路企业与我国典型网络型自然垄断企业运行机制的基础上，提出了以下建议：通过网运关系调整使铁总"瘦身"成为路网公司；通过运营业务公司化，充分发挥运输市场竞争主体、网运关系调整推动力量和资本市场融资平台三大职能；通过进一步规范公司治理和加大改革力度做强、做优铁路工程与装备行业；从日益壮大的国有资本与国有经济中获得资金或资本，建立铁路国有资本投资运营公司，以铁路国资改革促进铁路国企改革。

（10）《铁路监管体制研究》：通过分析我国铁路监管体制现状及存在的问题，结合政府监管基础理论及国内外相关行业监管体制演变历程与经验，提出我国铁路行业监管体制改革的总体目标、原则及基本思路，并根据监管体制设置的一般模式，对我国铁路监管机构设置、职能配置及保障机制等关键问题进行了深入分析，以期为我国铁路改革提供一定的参考。

（11）《铁路改革保障机制研究》：在分析我国铁路改革的背景及目标的基础上，从铁路改革的顶层设计、法律保障、政策保障、人才保障和其他保障等方面，分别阐述其现状及存在的问题，并借鉴其他行业改革保障机制实践经验，结合国外铁路改革保障机制的实践与启示，通过理论研究和分析，提出了完善我国铁路改革保障机制的建议，以保证我国铁路改革相关工作有序推进和持续进行。

（12）《铁路改革目标与路径研究》：根据党和国家关于国企改革的一系列政策，首先提出了铁路改革的基本原则（根本性原则、系统性原则、差异性原则、渐进性原则、持续性原则），然后提出了我国铁路改革的目标和"六步走"的全面深化铁路改革路径，并对"区域分割""网运分离""综合改革"3个方案进行了比选，最后从顶层设计、法律保障、人才支撑等方面论述了铁路改革目标路径的保障机制。

在12个专题的基础上，作者考虑到部分读者的时间和精力有限，将全面深化铁路改革的主要观点和建议进行了归纳和提炼，撰写了3本总论性质的读本：《全面深化铁路改革研究：总论》《全面深化铁路改革研究：N问N答》《全面深化铁路改革研究：总体构想与实施路线》。其中，《全面深化铁路改革：N问N答》一书采用一问一答的形式，对铁路改革中的一些典型问题进行了阐述和分析，方便读者阅读。

本丛书的主要观点和建议，均为作者根据党和国家有关政策并结合铁路实际展开独立研究而形成的个人观点，不代表任何机构或任何单位的意见。

感谢西南交通大学交通运输与物流学院为丛书研究提供的良好学术环境。丛书的部分研究成果获得西南交通大学"中央高校基本科研业务费科技创新项目"（26816WCX01）的资助。本丛书中《铁路投融资体制研究》《铁路债务处置研究》两本书由西南交通大学中国高铁发展战略研究中心资助出版（2017年），《铁路国家所有权政策研究》（2682018WHQ01）（2018年）、《铁路现代企业制度研究》（2682018WHQ10）（2019年）两本书由西南交通大学"中央高校基本科研业务费文科科研项目"后期资助项目资助出版。感谢中国发展出版社宋小凤女士、西南交通大学出版社诸位编辑在本丛书出版过程中给予的大力支持和付出的辛勤劳动。

本丛书以铁路运输领域理论工作者、政策研究人员、政府部门和铁路运输企业相关人士为主要读者对象，旨在为我国全面深化铁路改革提供参考，同时也可供其他感兴趣的广大读者参阅。

总体来说，本丛书涉及面广，政策性极强，实践价值高，写作难度很大。但是，考虑到当前铁路改革发展形势，迫切需要出版全面深化铁路改革系列丛书以表达作者的想法与建议。限于作者知识结构水平以及我国铁路改革本身的复杂性，本丛书难免有尚待探讨与诸多不足之处，恳请各位同行专家、学者批评指正（意见或建议请通过微信/QQ：54267550发送给作者），以便再版时修正。

左大杰

西南交通大学

2019 年 3 月 1 日

产权改革一直是国企改革的中心环节。我国国企改革从 1978 年十一届三中全会到 2013 年十八届三中全会，经历了 35 年，选择了一条有别于西方市场理论的渐进市场化改革道路，即国家政策一步一步引导国有企业从激进的控制权改革向渐进的所有权改革转变。尽管政府不断放权让利，扩大企业自主经营权，但是我国国有企业运行效率不高、缺乏活力的现象仍普遍存在。

2013 年党的十八届三中全会颁布的《关于全面深化改革若干重大问题的决定》中明确提出了要积极发展混合所有制经济、鼓励国有经济和非国有经济融合等关于混合所有制改革的新论断。不难看出，产权改革将成为下一轮国有企业体制改革的重心。随着全面深化改革的不断深入，产权改革逐渐呈现出更多、更新的改革内涵。以产权改革来实现国有经济的战略性制度调整，将极大地完善我国的基本经济制度，提升国有经济的运行效率。

2017 年是我国国企改革落地见效年，国企改革重点难点问题取得重大实质性的突破，中央企业和多地省属国企收入、利润均保持两位数增长，创五年最好水平。2018 年是国企混合所有制改革深入推进的重要一年，以点到面的改革将进一步深化，涉及的行业和领域也将有所扩大，其中铁路将作为混改的重点领域；因此，铁路混合所有制改革时机已经成熟。

本书共分为 8 章，第 1 章为绪论，主要论述本书研究背景、铁路混合所有制改革研究意义、研究内容与技术路线。第 2 章为基本理论，阐述产权与国有产权的含义与特征、全民所有制、集体所有制、混合所有制以及国有资产流失等理论。第 3 章为政策演进，以混合所有制政策演变为依据将我国混合所有制改革分为四个阶段,即偏国营阶段、股份制探索阶段、混合经营发展阶段和经营主体市场化阶段,并阐述了国企混合所有制改革发展困境。第4章为企业实践,主要研究大型国有企业产权多元化混合所有制改革的实践及启示,以供铁路混合所有制改革借鉴。第5章为总体思路,分析铁路混合所有制改革的契机和优势,在此基础上阐述铁路混合所有制改革的总体要求和改革思路。第6章为实施路径,主要阐述铁路混合所有制改革的实施路径,包括"从交叉持股到混合所有制"、铁路运营公司以及铁路路网公司的混合所有制改革,以期为铁路混合所有制改革提供路径参考。第7章为保障机制,主要研究铁路混合所有制改革保障机制与各项配套措施,从加强顶层设计、政策保障、法律保障、宣传保障和人才保障等方面展开研究,同时阐述政府、财政部(或国资委)以及国家铁路局在铁路混合所有制改革中的作用。

为了便于读者学习理解有关混合所有制的政策精神,我们将《国务院关于国有企业发展混合所有制经济的意见》(国发〔2015〕54号)作为附件列于书后,以供大家参考。

本书基本框架、总体思路与主要观点由西南交通大学左大杰副教授负责拟定。各章分别由西南交通大学左大杰(第1章、第3~6章、第8章)、罗桂蓉(第2章、第7章)撰写。全书由左大杰负责统稿。

本书参阅了大量国内外著作、学术论文和相关文献等资料(由于涉及文献较多,难免出现挂一漏万的情况),在此谨向这些作者表示由衷的谢意!

由于铁路混合所有制改革理论与实践仍在快速发展中,以及作者水平和能力所限,本书中难免会存在不足,欢迎批评指正。

左大杰

2018年11月2日

目 录

第1章 绪 论

本章主要阐述铁路混合所有制的研究背景、研究意义、研究内容与技术路线。首先论述全面深化改革的大背景、国有企业混合所有制发展现状以及铁路改革背景，然后阐述铁路混合所有制改革的研究意义、内容与技术路线。

1.1 研究背景

1.1.1 全面深化改革背景

改革是一个国家、一个民族的生存发展之道。破解重大难题，关键在于全面深化改革。我国在中国共产党的带领下，从积贫积弱的半殖民地半封建国家逐步发展成为富强民主的社会主义国家，2011年成为仅次于美国的第二大经济体。与此同时，我国改革也进入了深水区和攻坚区。国有企业改革是整个经济体制改革的核心，建立和完善社会主义市场经济体制，实现公有制与市场经济的有效结合，最重要的是使国有企业形成与市场经济要求相适应的管理体制和经营机制。因此，要巩固国有企业改革成果，继续深化改革至关重要。

国有企业股权多元化与混合所有制经济的提法由来已久，是我国国有企业改革实践深化的必然结果。股权多元化可追溯到20世纪80年代，较正式的提法是从中国共产党第十四次全国代表大会（以下简称中共十四大）开始的。1992年，中共十四大报告指出："股份制有利于促进政企分开、转换企业经营机制和积聚社会资金，要积极试点，总结经验，抓紧制定和落实有关法规，使之有秩序地健康发展。"

1997 年中国共产党第十五次全国代表大会（以下简称中共十五大）首次提出了混合所有制的概念，阐述了公有制和混合所有制的关系，提出公有制不仅仅包括国有经济和集体经济，还包括混合所有制经济中的国有成分和集体成分。

1999 年，中国共产党第十五届中央委员会第四次全体会议（以下简称中共十五届四中全会）决定明确指出："股权多元化有利于形成规范的公司法人治理机构，除极少数必须由国家垄断经营的企业外，要积极发展多元投资主体的公司。"并进一步提出："国有资本通过股份制可以吸引和组织更多的社会资本，放大国有资本的功能，提高国有经济的控制力、影响力和带动力。国有大中型企业尤其是优势企业，宜于实行股份制的，要通过规范上市、中外合资和企业互相参股等形式，改为股份制企业，发展混合所有制经济，重要的企业由国家控股。"

2010 年颁布的《国务院关于鼓励和引导民间投资健康发展的若干意见》（简称新三十六条）中第五条指出"鼓励民间资本参与交通运输建设"，具体为"鼓励民间资本以独资、控股、参股等方式投资建设公路、水运、港口码头、民用机场、通用航空设施等项目。抓紧研究制定铁路体制改革方案，引入市场竞争，推进投资主体多元化，鼓励民间资本参与铁路干线、铁路支线、铁路轮渡以及站场设施的建设，允许民间资本参股建设煤运通道、客运专线、城际轨道交通等项目。探索建立铁路产业投资基金，积极支持铁路企业加快股改上市，拓宽民间资本进入铁路建设领域的渠道和途径"。

2012 年，中国共产党第十六次全国代表大会（以下简称中共十六大）报告强调，"除极少数必须由国家独资经营的企业外，应积极推行股份制，发展混合所有制经济"。2013 年，中国共产党第十六届中央委员会第三次全体会议（以下简称中共十六届三中全会）提出，"积极推行公有制的多种有效实现形式，大力发展国有资本、集体资本和非公有资本等参股的混合所有制经济，实现投资主体多元化，使股份制成为公有制经济的主要实现形式"。

中国共产党第十八次全国代表大会（以下简称中共十八大）以来，以习近平同志为核心的党中央就全面深化改革议题进行深入的探讨与实践。2013 年 11 月 12 日，中国共产党第十八届中央委员会第三次全体会议（以下简称中共十八届三中全会）通过了《中共中央关于全面深化改革若干重大问题的决定》，指出："国有资本、集体资本、非公有资本等交叉持股、相互融合的混合所有制经济，是基本经济制度的重要实现形式，有利于国有资本放大功能、保值增值、提高竞争力，有利于各种所有制资本取长补短、相互促进、共同发展。允许更多国有经济和其他所有制经济发展成为混合所有制经济。国有资本投资项目允许非国有资本参股。允许混合所有制经济实行企业员工持股，形成资本所有者和劳动者利益共同体。"

为更好地贯彻落实中共十八届三中全会决定的相关要求，按照中央全面深化改革领导小组（2018 年 3 月 21 日更名为中央全面深化改革委员会）的部署，在国务院的直接领导下，国务院国资委会同发改委、财政部等有关部门深入调查研究并充分听取意见，于 2015 年 8 月 24 日印发了中共中央、国务院《关于深化国有企业改革的指导意见》。指导意见第十六条"推进国有企业混合所有制改革"中明确指出："以促进国有企业转换经营机制，放大国有资本功能，提高国有资本配置和运行效率，实现各种所有制资本取长补短、相互促进、共同发展为目标，稳妥推动国有企业发展混合所有制经济。对通过实行股份制、上市等途径已经实行混合所有制的国有企业，要着力在完善现代企业制度、提高资本运行效率上下功夫；对于适宜继续推进混合所有制改革的国有企业，要充分发挥市场机制作用，坚持因地施策、因业施策、因企施策，宜独则独、宜控则控、宜参则参，不搞拉郎配，不搞全覆盖，不设时间表，成熟一个推进一个。改革要依法依规、严格程序、公开公正，切实保护混合所有制企业各类出资人的产权权益，杜绝国有资产流失。"

在全面深化改革背景下，国有企业进行了大胆而新颖的尝试。混合所有制在我国经济社会发展中发挥着不可替代的作用，在国民经济中有着极为重要的地位。

1.1.2　国有企业混合所有制发展现状[1]

1．国有企业混合所有制改革历程

改革开放以来，随着中国经济稳步迈向前进，国有企业混合所有制改革的步伐从未停止，且改革力度越来越大，形式更加多样，层次和范围也更加广泛。

在改革初期，面对国有企业政企不分、运行效率不高以及国家财政压力巨大的困境，混合所有制改革以一种非正式的所有权改革（如租赁制、承包制等）形式展开，主要表现在对国有企业生产的剩余索取权上，通过不断向企业内部管理者和内部职工倾斜，以调动企业和员工的积极性。在这个过程中，所有权改革的尝试在部分国有中小企业中展开。

从 20 世纪 80 年代起，我国各地自发地进行了所有制改革的尝试和探索，积累了大量的经验。全国范围内的所有制改革试验对我国经济的发展产生了巨大的推动作用，但限于社会主义国家必须实行公有制等教条式理解的僵化思想，这种改革尝试仅被允许在一个很小的范围内进行。进行所有制改革的大多是一些小型国有企业，而大中型国有企业仍是改革的禁区。在小型国有企业改革中出现的股份制，也一直被披上资本主义的外衣，充满争议。

20 世纪 80 年代中期，一些国有小型企业转变为集体所有制企业，甚至转变为私人企业，这种所有权改革仅限于小型国有商业服务企业或集体所有制企业。直到 1986 年国务院才做出决定，允许各地在所属的国有企业中选择少数大中型企业进行股份制改革的尝试。1992 年，邓小平在南方谈话中，解决了长期困扰中国的"姓资""姓社"问题，对股份制这种财产组织形式予以了充分肯定。股份制在国有企业所有制改革中才开始被大量采用。上海和深圳股票交易市场的快速发展，进一步促进了国有企业的股份所有制改革。

1992 年，党的十四大确立了建立社会主义市场经济的改革目标。适应市场经济的规则、发展壮大自己是国有企业改革必须面对的问题。我国经济总量中长期占绝对比例的国有企业中产权不清、政企不分等问题十分突出。要建立社会主义市场经济，国有企业必须彻底改革成为自主经营、自我管理、自我发展的独立市场主体，而改革迫切需要解决的问题就是国有企业的产权制度。

党的十四届三中全会从四个方面明确了国有企业的改革目标：一是产权明晰，要求对国有企业的产权进行清晰的界定，使其成为真正独立的市场主体；二是政企分开，赋予企业真正自主经营的自主权，政府职责仅限于有效的市场监管和国有资产的保值增值，营造公平竞争的市场环境；三是管理科学；四是建立现代企业的管理制度。由此看出，我国国有企业改革的目标是建立现代企业制度，成为真正意义上的市场主体，而不再是传统计划经济体制下的政府附属物。这为我国国有企业混合所有制改革任务的提出奠定了基础。

虽然党的十四届三中全会明确了国有企业建立现代企业制度的改革方向，但当时的国有企业改革过多集中于企业财务重组或资产重组，未能进行明晰的产权界定和改革，这是国有企业改革成效不佳的症结所在。产权不明晰是导致大量国有企业连年亏损、财务状况恶化甚至资不抵债的重要原因之一。企业生产效率低下，工人得不到工资，不少国有企业已然成为各级政府的财政包袱。财务问题极其严重的国有企业大量破产，工人大量下岗，严重威胁着社会的稳定，国有企业面对严重的财务困境，不得不继续深化改革。

新一轮国有企业改革主要是面向中小型国有企业的所有制改革，改革采取的主要方式是内部职工持股的民有化，即主要实行股份合作制和管理层收购，分别将国有企业资产或股份出售给企业职工和管理层。经过这一轮国有企业所有制改革，大量国有企业改制成为非国有企业或者股份合作制企业，解决了当时国有企业的困境，为中国经济的后续增长奠定了坚实的基础。至此，以所有权改革为重点的国有企业改革终于在我国普遍开展起来。

在总结国有企业改革经验教训和国外国有企业管理经验的基础上，党的十五大明确提出以所有权改革为核心的混合所有制改革的概念，这一概念的提出对国有企业改革意义重大。党的十五届四中全会提出了抓好大型国有企业，放开激活国有中小企业（简称"抓大放小"）的战略举措。党的十五大关于国有企业改革的论断，促使我国国有企业混合所有制改革在思想上迈出了重要的一步。

表 1-1 反映了我国中小型国有企业的改革历程，国家对大中型国有企业的改革依然持谨慎的态度。1999 年党的十五届四中全会首次提出对大中型国有企业也要进行股份制改革，大力发展混合所有制经济，并指出大中型国有企业可以出售一部分国有股权给民营企业或者外国资本，这次全会大大拓展了国有企业所有制改革范围。党的十六大更清晰明确地提出了公有制的实现形式包含混合所有制及股份制，我国国有企业发展混合所有制或股份制的思想意识障碍已基本消除，混合所有制是未来的改革方向。自 2003 年起，国有企业所有权改革的步伐不断加快，很多中小型国有企业甚至一些大型国有企业改革成了混合所有制企业。

表 1-1　我国国有企业改革的发展历程

时　期	主要形式	主要改革范围	标　志
1978—1992 年	承包制、租赁制	小型国有企业	十一届三中全会
1992—1997 年	建立现代企业制度	中型国有企业	十四大
1997—2003 年	多样化的公有制实现形式	大中型国有企业	十五大
2003—2013 年	以股份为主的混合所有制	大中型国有企业	十六大
2013 年至今	加快发展混合所有制	特大型国有企业	十八届三中全会

混合所有制改革在我国已持续了近 40 年，但众多特大型国有企业的改革依然步履蹒跚，尤其是在铁路、石油、电网等诸多领域的国有企业依然处于垄断地位，这正是今后国有企业混合所有制改革要重点关注的领域。党的十八届三中全会指出，要积极发展混合所有制经济，允许更多国有经济和其他所有制经济发展成为混合所有制经济，这意味着新一轮的国有企业混合所有制改革已拉开序幕。

2．国有企业混合所有制发展现状

混合所有制在国企改革中占据了重要的地位，非国有资本的比例持续增长。2006 年，我国公有经济占 34.14%（国有经济占 31.24%，集体经济占 2.90%），私有经济占 65.86%①。2005—2012 年，根据股票市场中发行的可转债统计，我国现有的国有控股上市公司引入民间投资达 638 项，金额达 15 146 亿元人民币。到了 2012 年年底，在 378 家由中央国有企业及其子公司控股上市的公司中，非国有股权比例已经超过 53%；而在 681 家由地方国有企业控股的上市公司中，非国有股权比例也已经超过了 60%。特别是从 2010 年颁布新三十六条至 2012 年年底，有 4 473 宗各类国有企业资产产权与民间投资参与的交易，占交易总比例的 81%，交易金额达到了 1 748 亿，占交易总额的 66%②。2012 年混合所有制工业企业数量占规模以上工业企业单位数的 26.3%，占总资产的 44%，占主营业务收入的 38.8%，占利润总额的 41.8%；就业人数为 5 218 万人，占城镇就业人口的 14.1%；税收总额 5.182 3 万亿元。[2]

截至 2014 年年底，在我国工商登记注册存续的企业一共有 1 819.28 万户，其中国有投资企业 37.17 万户，占 2.04%；非国有企业 1 782.11 万户，占 97.96%。在 37.17 万户国有投资企业之中，国有全资企业有 20.03 万户（含国有独资企业 18.89 万户），占 53.89%；国有非全资企业（混合所有制企业）17.14 万户，占 46.11%；混合所有制企业占全部企业的比例为 0.94%。通过对企业成立时间和非国有资产进入时间的对比分析可知，大致 1/3 的混合所有制企业为国有资产存量改制形成的，余下的 2/3 为国有资本和非国有资本共同出资新建

---

① 李亚平、雷勇：《建国以来我国所有制结构的演变及效率研究》，《经济纵横》，2012 年第 3 期，第 54-55 页。

② 据 2013 年 12 月 19 日《上海证券报》报道，"广州国资准备让全体国资都贴上'金'字招牌"。广州国资让所有国资都成立一个金融部门，广州国资企业开始涉足金融领域。除开越秀集团收购创新银行之外，包括珠江钢琴、广百股份等 14 家国资上市公司，开始参股投资基金业务及布局小贷公司等金融业务。广州国资经过近两年的资本运作，证券化率由不到 20% 提升至 50% 以上。在 8 月份，由广州市发布的《关于推进市属经营性国有资产统一监管的实施方案》，对十未纳入国资委监管的 102 家市属国有企业（包括 2 家银行）也全部授权其履行出资人职责。与此同时，广州国资所监管的企业由 28 家跃升至 130 家，监管的国有总资产从 6 000 多亿元跃升到 1.57 万亿元。

的。从注册资金来看，国有投资企业占全部企业的 37.28%，混合所有制企业占国有企业的 50.15%，占全企业的 18.69%。从数量上来看，国有投资企业中的混合所有制企业占一半左右，并且这个比重呈一直增长的趋势。[3]

由此可看出，混合所有制是未来发展的方向，国家正大力开展混合所有制试点工作，如专栏 1-1 所示。我国国有企业所有制结构逐渐往混合所有制转变是顺应了正确的潮流，混合所有制的发展对我国社会主义市场经济的发展起着积极的作用。

【专栏 1-1】 国资委：第三批混合所有制改革试点名单已经确定 总共 31 家

2017 年 12 月 15 日，国资委副秘书长在国务院政策例行吹风会上称，现在第三批混合所有制改革试点名单已经确定，一共 31 家，其中中央企业子企业 10 家，地方国有企业 21 家，三批混合所有制改革试点加起来一共 50 家，重点领域混合所有制改革试点正在逐步有序推进。

在由深圳创新发展研究院举办的混合所有制改革论坛上，国资委副秘书长介绍说，在前两批 19 家央企混合所有制改革试点中，如果从企业层级看，央企二级公司有 10 家，三级公司有 9 家；从资产结构看，这些企业资产总额 9 400 多亿元，通过混合所有制改革将引入各类资本约 3 000 亿元。

国资委：积极稳妥推进混合所有制改革

国资委副秘书长称，进一步推进国有经济布局优化、结构调整和战略性重组。要进一步压缩过剩产能，处置低效无效资产，着力培养一批战略性新兴产业，打造一批国内外的知名品牌。要积极稳妥推进混合所有制改革，促进国有企业尽快转换经营机制。

国资委：总体来说中央企业债务风险可控

国资委副秘书长称，下一步的工作，前段时间国资委专门梳理了一下，发了一个通知，要求进一步降杠杆、减负债，提出了四个方面 11 条措施：一是强化内部管理；二是优化资本结构；三是充实资本规模；四是管控债务风险。委里很重视，措施也很实，企业对这个问题也有非常高的认识，工作都在积极推进过程中。总体来说，中央企业债务风险可控。

国资委：进一步强化境外国有资产监管

国务院国有资产监督管理委员会副主任在国务院政策例行吹风会上表示，下一步，国资委和监事会将深入学习贯彻党的十九大精神，围绕培育具有全球竞争力的世界一流企业的目标，进一步强化境外国有资产监管，不断改进和完善境外国有资产监督检查工作机制，提升境外监管的覆盖面和检查的深度和广度，确保境外国有资产运营安全和保值增值。

副主任还指出，党中央、国务院高度重视境外国有资产安全，强调要加强对国企"走出去"的统筹协调和监管，不能让走出国门的企业成为"脱缰的野马"，不能让国企海外经营成为监管的薄弱环节，严防国有企业境外投资经营中的资产流失。国资委持续加强对中央企业境外国有资产的监管：一是健全完善境外国有资产监管制度；二是加强境外国有资产监督；三是督促企业落实对境外国有资产监管的主体责任。

资料来源：http://www.cs.com.cn/xwzx/201712/t20171215_5625731.html.

与此同时，国有企业混合所有制改革中也出现了以下一些新的问题亟待解决。

一是混合所有制企业中国有资本和非公有资本的股权结构不明确、相关权利保护不到位。在国有企业分类改革的过程中，哪些企业需要国有资本控股，哪些企业需要国有资本参股，以及股份比例如何分配都还不明确。同时，由于缺乏明确的资本进入和退出机制，一些民营企业家对发展混合所有制存在较大疑虑，担心和国有企业在一起会发生矛盾，如果国有企业依然"一股独大"，民企将无法与之抗衡，担心国有资本侵吞民营资本。

二是混合所有制企业的公司治理结构及运作机制有待进一步完善。虽然股东会、董事会、监事会、经理层（"三会一层"）的公司治理结构在我国国有企业已普遍建立，但混合所有制下董事会构成、监事会作用发挥、经理层激励约束和党建工作等方面的新问题需要解决。尤其是国有资本监管机构、国有资本出资人、外部投资者、董事会、经理层和党组织间的关系和职责需要进一步明确。《决定》提出要建立出资人代表机构，通过资本运营公司或投资公司实施投资和经营活动，但混合所有制企业的顶层结构如何设计目前还处于讨论阶段。

三是虽然取消国有企业领导干部行政级别的建议在学术界多次被提及，但党政干部直接管理企业的现象仍然存在，这与混合所有制企业治理和市场化竞争机制的要求相矛盾。《决定》要求国有企业"合理增加市场化选聘比例、建立职业经理人制度"正是要打破这样的管理现状，解决由此造成的诸多问题。

因此，在混合所有制改革过程中，必须解决国有企业治理的一系列深层次的问题，主要涉及混合所有制企业的股权结构、公司治理结构、治理机制以及外部的治理环境和制度等。

1.1.3 我国铁路重大改革历程及特点

1．铁路改革历程

从 20 世纪 80 年代中期开始，中国铁路运输就出现了全面短缺状态，铁路运输能力不足成为制约国民经济发展的主要瓶颈之一。为了推进铁路运输业快速发展和缓解运输压力，铁道部进行了一系列的渐进式改革。

1986 年，铁路系统提出内部"大包干"的方针[4]，即将原本收归于铁道部的财务、劳资、人事等权力直接下放到各地路局，试行铁路行业的经济责任大包干。"大包干"政策是铁路扩大经营自主权的一次尝试，在形式上仍然属于控制权改革，但实质上开始触及所有权的一个核心内容——剩余索取权方面的改革[5]。剩余索取权是财产权中的一项重要权利，其产权部分转移属于产权多元化萌芽阶段。简而言之，"大包干"改革是将计划、财务、人事、物资等权力下放到各铁路局，实行"以路建路"和"以路养路"的经济承包责任制，不过在 6 年后因事故频发而终止改革。

1996年，铁道部成立铁路总体改革办公室，提出了铁路业"上下分离"的改革方案。2000年和2003年铁道部又向国务院分别提交了"网运分离"方案和"网运合一、区域竞争"的改革方案。

2000年8月，铁道部提出并公布"网运分离"的改革方案——铁道部第一次对外公布铁路行业战略性改组方案：用10年时间，把铁路路网与运输营业分离：① 组建一家负责铁路建设、分配路网能力和承担指挥职能的国家路网公司；② 成立数家使用路网运输经营的完全独立的市场主体，即多种所有制客货运公司；③ 实施新财务制度，客货网分账核算。"网运分离"思路主要参考了英国的铁路运营和管理体制，被各界认为是有创新的可行方案，代表世界主流的改革方向，但由于种种原因，于2002年被决策层搁置否决，撤销了客运公司。

2003年，根据当时铁路运能运量矛盾十分突出的实际情况，集中力量推动大规模的铁路建设，以期解决铁路运输能力与日益增长的国民经济发展需求之冲突。铁道部参考美国和加拿大的铁路运营和管理体制，提出"网运合一、区域竞争"改革方案，其主要内容是铁路总公司下组建多个铁路运输集团公司及铁路建设投资公司开展区域竞争，可以在短期内解决政企分开和政资分开的问题，系统震动较小，改革成本较低，是现实的改组方案。但干线系统的肢解有悖于运输的完整性和连续性，既无法实现市场竞争，又没有解决垄断问题，结果未能得到国务院批准而被搁置放弃。同年6月28日，"铁路跨越式发展研讨会"召开，会上提出"跨越式发展"战略，确定上海铁路局、兰州铁路局和青岛铁路分局为主辅分离的3家试点单位，"主辅分离"改革全面展开。

2005年，铁道部撤销全部41个分局，实行"铁道部－铁路局－站段"的三级管理体制，并对铁路投融资体制进行改革，推动地方铁路建设和铁路企业股份制改革上市，当时被称为中国铁路最大的内部改革。但有专家认为，改革并未触动铁道部"统一运输计划、统一核算"的财务体制根基，没有一个铁路局成为真正意义上的运输市场主体和经营实体。

2008年，中国国有全资企业相当部分演变为混合所有制企业，取得了良好的经济和社会效益，外部大环境变革和铁路自身经营、体制问题倒逼铁路改革。因此在 2008 年之后，为了促进不同运输方式的协调发展、实行综合运输管理，政府有意将交通运输部、民用航空局、邮政局和铁道部合并成立"大交通部"，着眼于整体运输市场的发展，铁路运输业改革方案也在酝酿之中，然而提议未经落实，改革再一次被搁置。

2013 年 3 月 10 日，国务院机构改革和职能转变方案出台，铁道部不再保留，其原有职能被一分为三：① 拟订规划和政策的行政职责划入交通运输部；② 其他行政职责由新组建的国家铁路局承担；③ 原有的企业职责则归入新组建的中国铁路总公司。3 月 14 日，中国铁路总公司成立。3 月 17 日，中国铁路总公司在原铁道部北京市复兴路 10 号挂牌。4 月 12 日，中国铁路总公司召开全路电视电话会议，部署推动货运组织改革和推进铁路全面走向市场。表 1-2 反映了铁路的主要改革历程。

表 1-2　中国铁路主要改革历程

阶段	年份/年	改革内容	结果
第一阶段	1986	铁路行业内部实行"大包干"，财务、劳资、物资、人事等权力下放各路局	在 6 年后因安全问题而中止
	1996	铁道部成立铁路总体改革办公室，提出"上下分离"方案，即铁路与运输分开，由若干大型客、货运公司在全国性路网上组织运营，在部分线路上形成铁路公司间的竞争	"上下分离"方案于 1999 年被国务院否定
第二阶段	2000	铁道部提出"网运分离"方案，重组目标是，1 个路网公司，5~7 个客运公司，3~5 个货运公司，2~3 个专业公司	"网运分离"方案被国务院否决
	2003	第三轮改革："网运合一、区域竞争"。由政府授权铁道部组建国家铁路公司，代表政府行使铁路经营职能，组建多个铁路运输公司及铁路建设投资公司，有效开展区域竞争	未被国务院批准

续表

阶段	年份/年	改革内容	结果
第三阶段	2003	"铁路跨越式发展"思路提出：集中人力、物力、财力着力推动大规模的铁路建设，在短期内解决铁路运输能力与日益增长的国民经济发展需要的冲突。"主辅分离"，剥离了与铁路运营无关的辅业业务	铁路用发展来取代改革，根本性改革被搁置
	2005	铁道部实行"撤销分局"和"投融资体制"改革。全国41个铁路分局全部被撤销，全国铁路局由15家增至18家。铁路建设、运输、装备制造、多元化经营逐渐向非公有资本开放，与地方政府合作筑路，同时，推动铁路企业通过股份制改革，为上市融资搭建平台	期间，大秦铁路上市，广深铁路回归A股
	2008	国务院决心开展大部制改革，拟将交通部、民用航空局、邮政局和铁道部合并成立大交通部	提议未经落实，改革再一次被搁置
第四阶段	2013	撤销铁道部，政企分开，将其行政职责并入交通运输部，同时组建中国铁路总公司承担企业职责	铁路发展与改革迈入了新的阶段

2. 铁路改革主要特点

根据表 1-2，铁路改革历程大致可划分为 4 个阶段。前三次改革特点如下：

（1）三次改革都没有涉及产权多元化的混合所有制改革。三次改革都是为了解决当时存在问题提出的方案，改革的失败凸显了企业改革的核心问题——产权问题。

（2）三次改革失败导致铁路经营和管理制度水平滞后于其他行业的国有企业。铁路发展混合所有制经济的目的是解决铁路投融资问题、增强铁路运输竞争力、提高铁路运输服务水平。"混合"不仅是资本的融会贯通，更是经营管理制度的相互借鉴、相互吸收，从而形成科学管理、合理决策的管理运行机制。

（3）铁路国有资本占据绝对主导地位，其他资本参与度不高，制约铁路发展产权多元化的混合所有制经济。三次改革都未能提及铁路建设资金来源和补充，铁路依然沿用银行借贷和铁路债券融资模式发展，导致铁路负债水平日益高涨，解决铁路债务问题迫在眉睫。

（4）完善的保障机制是基于产权多元化的铁路混合所有制改革的必要条件。三次改革都因各种因素无疾而终，都未形成统一认识，改革决心、改革动力、改革路径都未能体现，导致改革遇到阻碍就立即被迫停止。

积极发展混合所有制经济是新形势下国企改革和发展趋势。当前我国铁路国资一家独大的情况严重阻碍了铁路的健康发展，更不符合基本经济制度和当前经济体制改革要求。铁路负债大、运输效率低等问题逼迫铁路改革，产权多元化的混合所有制形式是解决当前铁路问题的必要途径。

1.1.4　铁路混合所有制改革现状

党的十八届三中全会《中共中央关于全面深化改革若干重大问题的决定》（下称《决定》）第一次提出了"积极发展混合所有制经济"的举措，其目的是引入非公有资本促进生产力发展。铁路国有企业积极贯彻党和国家关于国有企业改革的决策部署，高度重视铁路混合所有制改革。

【专栏 1-2】

1. 2017 年 1 月 3 日，中国铁路总公司在"中国铁路总公司工作会议"上表示：2017 年要规范和落实铁路两级主体企业权责，推进铁路资产资本化经营，开展混合所有制改革，加大综合经营开发力度，努力提高铁路企业经营效益。拓展与铁路运输上下游企业的合作，采取国铁出资参股、设立合作平台公司等方式，促进铁路资本与社会资本融合发展。探索股权投资多元化的混合所有制改革新模式，对具有规模效应、铁路网络优势的资产资源进行重组整合，吸收社会资本入股，建立市场化运营企业。创新铁路发展基金发行模式，畅通企业、社会投资铁路发展基金渠道。

2. 2017 年 7 月 20 日，中国铁路总公司党组学习贯彻全国国有企业改革经验交流会和国务院安委会全体会议精神。强调要积极推进铁路企业混合所有制改革。坚持开放融合、合作共赢，发挥铁路资产资源优势，积极推进铁路资产资本化、股权化、证券化，努力增强国铁资本的控制力，扩大资本溢出效应。在资产证券化方面，已形成控股合资铁路公司资产证券化框架方案和实施意见，正在积极有序推进试点工作。在市场化法治化债转股方面，目前已初步确定第一批合资公司作为债转股备选公司，将尽快与合作银行研究提出具体实施方案。在推进上市公司再融资方面，对总公司所属的 3 个上市公司增发新股条件、可行性等进行专题研究，拟通过资本市场进一步募集权益性资金。同时，对总公司所属的三个专业运输公司，加强上市可行性和方案研究，做好上市前期准备工作；对铁路局所属的资产质量优良、市场发展前景好的公司，鼓励启动上市工作，推动资产资本化、股权化、证券化。

3.《铁路"十三五"发展规划》报告指出，加大国家对铁路支持力度，发挥好铁路建设债券融资支持作用，继续向社会资本推出一批市场前景较好、投资预期收益较稳定的铁路项目。拓宽铁路发展基金融资渠道，鼓励采用股权投资方式推进铁路混合所有制改革。

4. 2018 年 1 月 2 日，中国铁路总公司在"中国铁路总公司工作会议"上表示：2018 年积极推进混合所有制改革。研究各专业优势公司和科技型企业实施混合所有制改革方案，引入社会优质资源，推进 Wi-Fi 运营公司股权转让，构建市场化运行机制，促进铁路资本与社会资本融合发展。加强对股权转让、引入外部投资者等事项的分析论证，依法推动合资合作。

虽然铁路整体上没有实现或全面开展混合所有制改革，但是各铁路局集团公司混合所有制改革正在逐步推进。

【案例 1-1】 大秦铁路股份有限公司

大秦铁路股份有限公司是由太原铁路局集团有限公司控股的一家以煤炭、焦炭、钢铁、矿石和旅客运输为主的区域性、多元化的铁路运输企业，于 2006 年 7 月在国内资本市场公开发行 A 股股票，并于 8 月 1 日在上海证券交易所正式挂牌交易，成为中国铁路首家以路网核心干线为主体的上市公司，搭建了铁路通过资本市场融资的平台，标志着铁路投融资体制改革取得重大突破。2010年公司成功收购资产规模 328 亿元的太原铁路局运输主业资产及相关股权，利用公开增发 18.9 亿股 A 股股票，募集资金 165 亿元，创下了资本市场非金融股发行量最大的纪录。图 1-1 为大秦铁路公开增发后的股权结构。

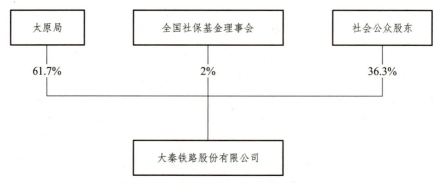

图 1-1　大秦铁路股份有限公司公开增发后股权结构示意

2010—2015 年，大秦铁路营业收入分别为 420.14 亿元、450.07 亿元、459.62 亿元、513.43 亿元、539.70 亿元和 525.31 亿元，持续六年都保持着较高的收入水平。

【案例 1-2】 广深铁路股份有限公司

广深铁路股份有限公司独立经营的深圳—广州—坪石段铁路，营业里程 481.2 千米，纵向贯通广东省全境。其中，广坪段为中国铁路南北大动脉——京广线南段；广深段是中国内地通往香港的唯一铁路通道，连接京广、京九、三茂、平南、平盐和香港九广铁路，是中国铁路交通网络的重要组成部分。广深段铁路是目前中国现代化程度最高的铁路之一，是国内第一条全程封闭、四线并行的铁路，也是第一条实现客货分线运行的铁路。该公司作为一家铁路运输企业，主要独立经营深圳—广州—坪石段铁路客货运输业务，并与香港铁路有限公司合作经营过港直通车旅客列车运输业务，同时还受托为武广铁路、广珠城际、广深港铁路、广珠铁路、厦深铁路、赣韶铁路、南广铁路和贵广铁路等提供铁路运营服务。表 1-3 为 2015 年度普通股股东数量及前 10 名股东持股情况。

表 1-3 普通股股东数量及前 10 名股东持股情况 单位：股

截至报告期末普通股股东总数（户）	289 611				
年度报告披露日前上一月末的普通股股东总数（户）	298 277				
前 10 名股东持股情况					
股东名称 （全称）	期末持股数量	比例	持有有限售条件的股份数量	质押或冻结情况	股东性质
				股份状态 | 数量	
广州铁路（集团）公司	2 629 451 300	37.12%	—	无 | —	国有法人
HKSCC NOMINEES LIMITED（注）	1 419 421 076	20.04%	—	未知 | —	境外法人
中国证券金融股份有限公司	164 025 844	2.32%	—	未知 | —	国有法人
中央汇金资产管理有限责任公司	85 985 800	1.21%	—	未知 | —	国有法人
全国社保基金四零四组合	34 999 811	0.49%	—	未知 | —	其他
科威特政府投资局－自有资金	33 269 344	0.47%	—	未知 | —	其他
太原钢铁（集团）有限公司	30 781 989	0.43%	—	未知 | —	国有法人
博时基金－农业银行－博时中证金融资产管理计划	28 101 600	0.40%	—	未知 | —	其他
大成基金－农业银行－大成中证金融资产管理计划	28 101 600	0.40%	—	未知 | —	其他
工银瑞信基金－农业银行－工银瑞信中证金融资产管理计划	28 101 600	0.40%	—	未知 | —	其他
嘉实基金－农业银行－嘉实中证金融资产管理计划	28 101 600	0.40%	—	未知 | —	其他
南方基金－农业银行－南方中证金融资产管理计划	28 101 600	0.40%	—	未知 | —	其他
易方达基金－农业银行－易方达中证金融资产管理计划	28 101 600	0.40%	—	未知 | —	其他
银华基金－农业银行－银华中证金融资产管理计划	28 101 600	0.40%	—	未知 | —	其他
中欧基金－农业银行－中欧中证金融资产管理计划	28 101 600	0.40%	—	未知 | —	其他
交通银行股份有限公司－华安策略优选混合型证券投资基金	23 899 951	0.34%	—	未知 | —	其他
北京凤山投资有限责任公司	22 481 281	0.32%	—	未知 | —	其他
上述股东关联关系或一致行动的说明	公司未知上述股东之间是否存在关联关系或属于《上市公司收购管理办法》规定的一致行动人				

从表 1-3 可以看出，广深铁路股份有限公司股权结构中国有资本大约占 41.08%，剩下由外资和社会资本占有，属于混合所有制公司。2015 年，公司营业收入为 157.25 亿元人民币，比上年同期 148.01 亿元人民币增长 6.25%，其中，客运、货运、路网清算及其他运输服务、其他业务收入分别为 69.97 亿元、17.61 亿元、58.75 亿元及 10.92 亿元，分别占总收入的 44.50%、11.20%、37.36% 及 6.94%；营业利润为 14.85 亿元人民币，比上年同期 10.02 亿元人民币增长 48.24%；归属于上市公司股东的净利润为 10.71 亿元人民币，比上年同期 6.62 亿元人民币增长 61.75%。

1.2 铁路混合所有制改革的研究意义

2013 年 3 月 10 日，十二届全国人大一次会议第三次全体会议听取了关于国务院机构改革和职能转变方案的说明，"实行铁路政企分开"被列入方案第一项，不再保留铁道部：① 拟订规划和政策的行政职责划入交通运输部；② 其他行政职责由新组建的国家铁路局承担；③ 原有的企业职责则归入新组建的中国铁路总公司。

铁路运输在社会经济系统中具有双重功能：从属功能和引导功能。① 从属功能表现为铁路运输为地区经济的发展服务，是产品流通过程在空间上的具体反映，是生产过程在流通过程中的延续；② 引导功能是指铁路运输对地区经济结构、规模和空间布局的引导和反馈作用，实质上是交通优势转化为生产优势的过程。因此，铁路运输业不管对于完成企业内运输，还是对于完成企业间、地区间和国家间的运输都是必不可少的，在社会生产过程中发挥着举足轻重的作用。

与此同时，基于我国国家性质和基本路情，我国铁路部门一直在相对封闭的环境下运营，并且实行军事化统一管理。在这样的环境下，我国铁路逐渐形成了国有资本一家独大的态势，由此带来的铁路负债大、市场份额薄弱、生产效率低等问题已成为全面深化铁路改革的主要壁垒。实现铁路所有制形式向混合所有制转变是增强铁路运输竞争力、提高铁路运输服务水平的必然要求，是铁路向现代物流企业转型的必然结果，是主动适应和引领经济发展新常态的制度保障。

十八届三中全会通过的《决定》做出了发展混合所有制的重大理论创新。国有资本、集体资本、非公有资本等交叉持股、相互融合的混合所有制经济，是基本经济制度的重要实现形式，有利于国有资本放大功能、保值增值、提高竞争力[6]，同时也是新形势和经济新常态下坚持公有制主体地位，增强国有经济活力、控制力、影响力和抗风险能力的有效途径与必然选择。

以《决定》为标志，贯彻执行国家关于铁路等重要领域开展混合所有制改革试点示范[7]的要求，全面深化铁路改革站在新的历史起点上。本书将分析改革开放以来特别是十八届三中全会以来大型国企混合所有制的改革实践，结合我国铁路经历的几次重大改革，分析铁路发展混合所有制经济的必然性，并以十八届三中全会关于混合所有制的有关精神为指导，重点阐述铁路发展基于产权多元化的混合所有制总体思路、实现路径、保障及配套措施，以期为全面深化铁路改革的顺利推进提供参考。

1.3 研究内容与技术路线

本书的讨论重点是铁路实现基于产权的多元化的混合所有制改革，简而言之，即通过引入其他国有资本、集体资本、民营资本、外资等参与铁路国有企业的混合所有制改革，实现产权多元化。实现产权多元化，有利于不同投资主体在技术、管理、资源、文化等方面取长补短、优势互补，有利于形成有效制衡、运转协调的公司治理结构。

图 1-2 为本书的主要技术路线，主要分为六大板块。首先阐述基本理论，包括产权与国有产权的含义与特征、全民所有制、集体所有制、混合所有制以及国有资产流失等；其次借鉴大型国有企业产权多元化的混合所有制改革的实践，总结相关启示，为铁路混合所有制改革提供一定的参考；再次分析铁路进行产权多元化混合所有制改革的必然性，为我国铁路混合所有制改革提供改革思路；最后结合改革思

路阐述铁路混合所有制改革的实施途径、保障机制与其他配套改革措施。

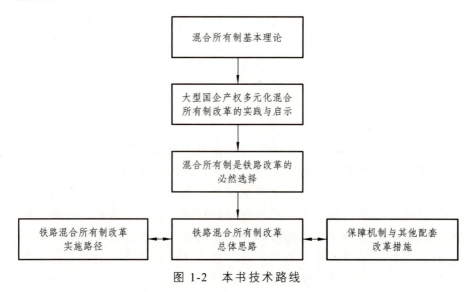

图 1-2　本书技术路线

第 2 章 　混合所有制的基本理论

本章主要阐述混合所有制的一些基本理论，包括产权及国有产权的含义及特征、全民所有制、集体所有制、混合所有制和国有资产流失等，其目的是加深对混合所有制基本理论的理解，为我国铁路混合所有制改革提供理论基础。

2.1 　产权及国有产权的含义及特征

2.1.1 　产权的含义及特征[8]

1．产权的基本含义

目前对于产权的定义各有侧重，不一而足，但归纳起来，产权的基本含义体现在以下三个方面：第一，产权是一种权利，是一种排他性的、可以平等交易的法权，是构成市场机制的基础；第二，产权是规定人们相互行为关系的社会基础性规制，其核心功能是使权利与责任对称，强调权利受到责任的严格约束；第三，产权是可以分解为多种权利并统一呈现为同一种结构状态的权利束，这种权利束随着社会经济生活的发展向权利和责任两个方向不断同步扩张。[9]

2．产权的内容

产权的内容非常丰富，基本包括四种权利，即狭义所有权、占有权、支配权和使用权。

（1）狭义所有权也称归属权，表明产权主体对客体的归属关系，排斥他人违背其意志和利益侵犯其所有物，并且可以设置法律许可的其他权利，利用所有者的权利能获取利益。

（2）占有权指产权主体事实上的管理权，具有直接掌握、控制、管理产权客体，并对它施加实际的、物质的影响的职能。

（3）支配权也称处分权或处置权，指产权主体具备在事实上或法律上安排、处理产权客体的权能。

（4）使用权指产权主体不仅具有使用产权客体而不改变其原有形态和性质或部分改变其形态而根本性质不变的权利，而且具有完全改变产权客体形态和性质的权利。

产权就是包含了以上四种权利的一个权利束，这四种权利可以合并，也可以分开，其中最重要的是支配权。

3. 产权的特征

根据产权的基本含义和内容，可以归纳出产权的特征，即产权的排他性、可转让性、有限性、可分解性、明晰性和行为性。

（1）产权的排他性实质上是产权主体的对外排斥性或对特定权利的垄断性，它不仅意味着不让他人从产权客体中受益，同时也意味着产权主体要排他性地对该产权客体使用中的成本负责。

（2）产权的可转让性也称可交易性、可让渡性，是指产权主体有权按照双方共同决定的条件将产权客体转让给他人。产权的交易是产权主体的一种经济行为，可以分为整体交易和部分交易，四种权利中的任何一项或任意几项的组合都可以成为交易的对象；产权的交易还可以分为无限期交易和有限期交易，狭义的产权转让必然是无限期转让。

（3）产权的有限性是指产权与其他产权之间必须存在清晰的界限，同时任何产权特定权利的数量大小或范围都是有限度的。正确理解产权的有限性需要从静态和动态两方面把握：从静态来看，任何产权之间或不同权利之间，在某一特定的时间点上，必须存在绝对清晰的界限；而从动态来看，产权的有限性并不排除产权之间的界限是可以变化、移动的。

（4）产权的可分解性是指特定财产的各项产权可以分属于不同主体的性质。产权的可分解性包括产权权能行使的可分工性和产权利益的可分割性，并且可以在不同的层次上体现出来，但是产权的可分解性不是无限度的。

（5）产权的明晰性是指不同产权或不同主体的产权其边界是明确的。任何产权，如果其所有者是确定且唯一的，则这个产权就是明晰的；反之，则是模糊的。造成产权模糊的原因是产权归属关系不清，或者是财产在转让过程中的权利归属不清。

（6）产权的行为性是针对产权权能而言的，是指产权主体在财产权利的界区内有权做什么、不能做什么或有权阻止别人做什么。

2.1.2　产权起源、产权结构与产权功能

1．产权起源

产权起源可以从三个意义上理解：一是人类历史上最初产权的建立或起源；二是人类历史上任何一个时期因新的财产出现而需要新建立的产权；三是原有产权关系的否定或改变，需要建立一种新的产权关系[10]。

从产权经济学的前提和所要解决的问题可以看出，产权的起源可以归结为如何解决资源配置的问题。"资源稀缺性"是现实生活中普遍存在的现象，是全部经济学的假设前提。"资源稀缺性"是相对的，其稀缺性受资源的开发利用程度、科学技术的进步、产业结构的调整和人们偏好等因素的影响而发生变化。在资源稀缺的社会中，为了使资源得到优化配置和尽其效用，就需要建立资源使用和分配的约束机制，规范人们的行为，这种机制也就是产权制度。产权经济学同时也把产权制度本身作为资源来看待，资源的稀缺性决定了产权存在的必要性。

古典经济学和新古典经济学都认为，经济活动运行过程中"资源稀缺性"问题还会引起经济运行过程中的外在性问题，以及经济主体的"经济人""有限理性""信息不对称""非完全竞争"等问题[11]。这些问题同时成为新制度经济学进行产权研究和产权功能界定的假设

前提。"外在性""经济人""有限理性""信息不对称""非完全竞争"等都会影响经营主体的行为和资源配置的效果。建立良序的市场秩序和规范人们的行为，需要一种行为规制制度，即产权制度来规范经济主体的行为，实现资源优化配置。产权的出现有助于减少外在性问题，降低交易成本，实现经济效应的最大化。

马克思关于财产权的范畴研究是基于历史唯物主义展开的，是从生产力和生产关系发展的规律出发，是具体的和历史的，而不是自然的、永恒的范畴。财产权的起源在于生产力的不断发展。在原始社会时期，原始的公有产权关系是由当时的生产力水平决定的，由于原始社会生产力水平极其低下，所以劳动产品也只能是集体生产、集体占有、集体分配，由此形成了原始的公有产权形态。人类社会在未进入私有社会时，国家、法律尚未形成，人们也未意识到财产权的存在，也就是说在原始社会财产权是一种自然状态。马克思关于原始公有产权起源的论述是自然起源说。

随着社会分工的分化和生产力的发展，劳动生产率大大提高，私有制逐渐出现并形成，原始家庭的分化和瓦解是私有制产生的基础。原始家庭的分化，尤其是一夫一妻制的家庭形式形成后，原始共有家庭经济形式的经济基础开始瓦解。一夫一妻制的家庭形式使财产具有了家庭占有和继承的可能。随着生产力的发展和分工的继续扩大，外来人口改变了原始共有经济的形态，原始家庭共有的经济形态被打破，共同体成员的关系也受到冲击。再加上劳动者之间的脑力和体力的差异、产品交换中的歧视、分工的进一步扩大等因素的影响，占有私有财产成为普遍现象。随着国家的形成和法律的出现，占有更多私有财产的群体利用国家和法律使占有私有财产渐渐变成特权，进而逐渐形成了私有产权。

马克思认为资本主义私有产权关系是通过"异化"的所有制关系形成的：一方面是劳动关系的"异化"，即生产资料归资本所有者私有，私有者对不占有生产资料的劳动者及其产品进行支配，劳动力仅归劳动者本身私有；另一方面是资本的"异化"，资本家成为资本的所有者并占有资本，资本家通过手中资本雇佣劳动力为其生产、创造出剩余价值，以此循环生产并获得利润。在此过程中，劳动者从依附于劳动而逐渐变成依附于资本。马克思关于资本主义私有产权的阐述和研究是新的财产关系出现的象征。

通过马克思对资本主义私有制产权关系的研究可以看出，财产权的起源在于生产力的发展，资本主义私有制的基本属性在于财产和资本对劳动和劳动者的支配。

2．产权结构

产权结构的不同对经济运行效率的影响是有差异性的。产权的界定实质上就是将产权的各项权能界定给不同的主体[12]，由此形成不同的产权结构，形成了私人产权（私有产权）、共有产权、国有产权和集体产权。一种产权结构是否有效率，要看它是否能在权能主体的支配下给权能主体提供激励，即实现外部性内在化。产权权能界定给不同的主体将导致资源配置效率、资源占有、产出结构和收入分配方式的不同。

私人产权（私有产权）是指社会承认所有者的权利，并拒绝其他人行使该权利[13]。阿尔奇安明确指出，私人产权是某人私有财产的财物中选择任何用途的这样一种排他性权威力配给，所有者可以不受限制地选择特殊商品的用途[14]。私人财产所有者能够选择任何方式使用他们的财产[15]。私人产权是所有者被约束于仅对物质属性的选择，不包括交换价值的影响，也不包括我以你认为不合适的行为使你承受痛苦而给你带来心理和感情上的影响[16]。张五常认为，私有产权是资源的使用权、收入享受权和转让权归私人所有。私有产权制度之所以有效，在于交易成本的存在。从以上定义来看，私有产权的关键在于产权主体对所有权利能够行使完全的决策行为。产权经济学认为，私有产权在实现外部性内在化时所需要的交易成本较低。

共有产权是指在社区内或共同体内成员都拥有同样的权利，这种权利是一组权利，包括使用一种稀缺资源的权利，但不包括一种以排除其他人使用资源的"缺席者"的权利，也就是说除非占先或连续使用资源，否则无论国家或个人都不能排斥别人来使用资源[17]。生活在任何一个有公共财产的社区内的人就是一个公共财产的所有者，并且不能取走公共财产中属于自己的份额[18]。在共有权利体系下，一旦获得或取得一种资源，每个人就拥有使用它的私人权利，但在取得它之前，对同一资源只是一种共有权利[19]。共有权的所有者不能排除别人分享其努力的成果，也因此让所有人共同以最佳行为行事的谈判成本过高。在共有权利下，所有者数量的增加就是财产共有程度的增加，这通常导致内部化费用的增加[20]。诺斯同样认为，衡量资源的费用超过收益的地方，是共同财产资源存在的场合[21]。

在共有产权条件下，由于共同体内的每一位成员都享有平分共同体收益的权利，排他性和可让渡性是不存在的[22]。共有权利的困难还在于它无法精确衡量任何人使用资源所带来的成本，即缺乏排他性权利，使得拥有共有权利的人们会倾向于以全然不顾行为后果的方式去实现个人权利，由此产生的成本可能会让共同体内的其他成员来承担，所以常常会出现由于"搭便车"而提高了交易费用的问题。巴泽尔认为，利用未定价的属性就等同于置这些属性于公共领域内，这里的公共领域具有共有产权性质，即不能通过契约而获取的特性应该被看成是"公共领域"。共有产权具有交易的复杂性、度量和监督其属性成本高的特性，因此共有产权未定价的属性往往被过度利用[23]。共有产权否定了"使用财产付费的原则"，因此导致了公共资源的过度使用和浪费，而"搭便车"问题使得经济运行效率较低。

马克思经济学联系着生产资料所有制形式来讨论产权的形式。同生产资料公有制相联系的是"公有产权"或产权的公有形式。公有产权是生产资料公共占有制在法律意义上的规定[24]，其有多种实现形式：一种是产权的国有形式；另一种是产权的合作形式；还有一种是股份制的产权形式。国有产权是指国家在权利的使用中排除任何个人因素，而按照政治程序来使用国有财产[25]。国有产权还可以指国家对企业以各种形式投入形成的权益、国有以及国有控股企业各种投资所形成的享有的权益，以及依法认定为国家所有的其他权益[26]。马克思对私有产权和公有产权的关系是通过私有产权和公有产权的历史态、共时态和相互渗透来分析的。

对于公有产权和私有产权的效率之辩，制度经济学和产权理论认为，资本主义之所以能达到马克思论述的在不到一百年的时间内创造的生产力比以前所有时代的总和还要多，其主要原因就在于实行了比较健全的私有产权制度。私有产权具有排他性和竞争性，能够激励个人利用信息优势、合同规则，降低交易成本，提高经济效率。相对于私有产权，公有产权不具有排他性和竞争性，搭便车行为容易发生，并引起较高的交易成本，不能合理配置资源，导致资源租金的耗尽[27]。分析不同产权的效率，必须就产权适用的经济运行环境来论证其效率的高低，不能绝对化。从经济效率上说，资源的所有权是公有还是私有并不重要，将公有资源界定为私人所有也一定能够得到有效的利用。在一定条件下，公有产权结构比私有产权结构更有效率。公有产权和私有产权之间的界限已经不明确，存在着中间地带，形成了过渡性产权形式[28]。

3．产权的功能

产权的功能是指产权作为一种社会强制性的制度安排所具有的界定、规范和保护人们的经济关系，形成经济生活和社会生活的秩序，调节社会经济运行的作用[29]。

（1）激励和约束功能。

激励和约束是一对相互作用的功能，约束与激励是对称的。产权关系包含利益关系和责任关系，在较为完备的产权关系中，利益和责任缺一不可，并且一一对应。产权规定了人们如何受益、如何受损，以及受益者如何获得利益，受损者如何获得补偿。经济行为主体的利益通过明确产权得到保护，产权的激励功能便能通过利益传导机制得到实现，调整经济行为主体的行为。产权激励并非完全是行为主体的全部激励。产权的激励主要来源于"自激励"，即行为主体的一种自我动力机制。产权的约束功能来自内部约束和外部约束。

（2）外部性内在化功能。

外部效应还可以称为外部性或外在性，外在性包括正效应和负效应，这一概念是由新古典经济学家马歇尔在 20 世纪 60 年代提出的。外部不经济是指经济行为主体从事经济活动或其他活动时，其自身未受到任何损失而获得一定的经济利益，但同时使其他经济行为主体获损或付出经济代价。外部性问题在非完全竞争的条件下存在，现实的经济社会是非完全竞争的市场，因此外部性问题在经济活动中普遍存在，外部性的普遍存在影响着经济运行效率，会产生较高的交易成本。德姆赛茨明确提出产权的首要功能就是促使人们实现外部性的内在化。具体而言，只有当内在化的收益大于内在化的成本时，产权的功能效应才能使经济活动中的外部性问题逐渐内在化。采取何种方式解决外部性问题还要取决于具体的经济环境、当事人的资质、法律的健全程度等因素。

（3）资源配置功能。

"资源稀缺性"是现实生活中普遍存在的现象，是全部经济学的假设前提。"资源稀缺性"是相对的，其稀缺性受资源的开发利用程度、科学技术的进步、产业结构的调整和人们偏好等因素的影响而发生变化。在资源稀缺的社会中，为了使资源得到优化配置和尽其效用，就需要建立资源使用和分配的约束机制，规范人们的行为，这种机制也就是产权或制度，产权的资源配置功能就是利用产权制度的安排调节或影响资源配置。马克思论述的原始共有产权和公有产权的状态下，经济行为主体对资源稀缺性没有概念。当私有产权出现以后，经济行为主体开始意识到资源的稀缺性，尤其是进入社会化大生产的资本主义时代，资源利用程度日益加深，利用速度日益加快，资源稀缺性的问题日益突出，并成为影响经济运行效率的因素之一。与经济运行环境相匹配的产权制度或产权安排，是资源有效利用和优化配置的基础。产权资源配置功能就是改变和影响资源的流向，使资源达到最大化利用，实现帕累托最优。

（4）利益分配功能。

产权不仅是竞争的规则，而且还可以用来解释人的行为，即在不同的产权规则下人们有不同的行为，而不同的行为有不同的游戏规则来约束。产权是一种限制竞争的规则。产权是一种经济权利，是一个权利束，可以分解为不同的权能，即使用权、所有权、收益权等权能，并形成对应的权、责、利关系。产权的不同配置意味着不同的收益分配规则。产权是收益分配的基本依据，生产要素的价值以及由生产要素价格进行的分配是由各生产要素的产权界定和产权安排来实现的。

2.1.3　产权多元化概念[30]

产权多元化是指某一法定主体的产权部分或者全部被越来越多的法定主体、社会成员共同分享的趋势和过程。企业产权多元化意味着企业财产不再由单一出资者投资,而是由众多出资者投资组合而成的。企业产权多元化是企业制度的重大创新。产权多元化可以促进经济制度的根本变迁:在企业制度发展史上,从古典的个人业主制到合伙制,再到现代公司制,实质上就是企业产权多元化的过程。产权多元化是企业适应生产经营管理规模化和经营管理科学化的客观要求形成的。产权多元化具有以下特征:

1．产权权能分裂化

所有权、占有权、支配权、使用权、处分权等各项产权权能,原本都统一于所有权。为适应生产社会化的需要,广义的、完整意义上的所有权发生“裂变”,分裂出法人财产权、经营权或使用权、占有权、支配权、处分权等多项产权权能。

2．产权主体分散化

产权主体分散化是指横向上同一产权的拥有和行使主体多元化、分散化(如股份公司的企业所有权状况);纵向上不同层次各项产权的拥有和行使主体多元化、分散化(如股份公司的所有权、法人财产权、经营权、生产资料使用权等权能的存在状况)。

3．产权交易商品化

产权成为商品,进入市场,在不同主体之间易手、流转,不再封闭、固定地归某个主体专有,而成为可交易、对所有社会成员开放的权利。只要通过社会认可的途径和方式,每个社会成员都可以成为产权所有者或行使者。

4．产权收益社会化

随着产权主体日益多元化，产权收益也不再归属于某一个人，而要分归各项产权的所有者、行使者。与产权分散、分离化相适应，一笔资本可以使很多主体受益。所有权得到利润，经营权得到经营收入或年薪，拥有或行使生产资料的使用权可以从事劳动而取得工资。

2.1.4　国有产权

根据产权的归属主体不同，产权可以分为私有产权和共有产权。私有产权是指将权利分配给一个特定的自然人，共有产权是指将权利分配给共同体的所有成员，国有产权就是公有产权的典型代表。国有产权是指全体公民拥有对财产的所有权，通过国家或政府某些特定的部门代表公民行使所有者的基本权利，而任何个人不得对这些财产拥有任何形式的法律上的权利。

1．国有产权的定义

国有产权的全称是国家财产所有权。国有产权是国家对全民所有的财产所享有的占有、使用、收益和处分的权利，也是一项确认和保护全民财产的法律制度，是全民所有制在法律上的表现。国有产权作为一项法律制度，对于保障社会主义公有制经济的巩固和发展、保护国家财产不受侵犯、促进社会主义经济建设的顺利进行都具有重要意义。

国有财产是国家在法律意义上拥有的财富和资源，国有财产的形成源于国家投资形成的报酬、资产使用带来的收益、馈赠所得。国有财产代表属于所有中国公民的一切财富和资源，这些财富和资源形态万千，广泛分布于我国境内外的所有领域，由全体中国公民共同拥有、享用、受益、支配。国有财产的经营和管理由国家代表公民掌握。目前国有财产中经营性财产和非经营性财产主要分布于国有企业和国家行政事业单位，国有财产中的资源性财产是指具有开发价值的自然资源，包括国家的土地资源、矿产资源、水资源、生物资源和海洋资源等。

2．国有产权的特征

通过比较私有产权和国有产权的区别可以说明国有产权的特点[31]。

（1）国有产权的所有者是全体公民，而私有产权的所有者是私有者个人。从表面上来看，国有产权属于国家的每一个公民，任何公民都有权利行使对国有财产的各种权利，但实质上，国有产权各种权利的行使只能由政府和其授权的机构来行使。从这个意义上说，国有产权并不存在如私有产权那样实在的所有者，也就是说国有产权的所有者和主体是非人格化的、虚置的。

（2）国有产权是不完整的产权，而私有产权是接近完整的产权。私有产权的完整性体现在私有产权的所有者对于他人对自身财产权利的侵害具有天然的防御和关注能力，并且能够积极监督他人遵守其自身的财产义务；国有产权的不完整性体现在国有产权权利和义务的不对等上，主要表现在国有产权使用和转让的权利与行使国有产权的结果分别由政府或其授权机构、全体公民这两个不同的主体来担当。

（3）国有产权在内在激励上缺乏效率，而私有产权更富有效率。国有产权的所有者是全体公民，个人对国有产权合理有效使用的贡献稀释为由全体公民共同拥有，这使得个人将失去对国有产权有效使用的积极性，导致缺乏对国有产权有效使用的内在激励；私有产权剩余控制权和剩余收益权的统一将使得私有产权权利的合理有效使用具有强烈的内在激励性，因为由此带来的好处在法律上是排他地由私有产权的所有者独享。

（4）国有产权难以与市场完全相容，而私有产权与市场天然相容。国有产权是不完整的产权，因而从本质上决定了市场机制难以对国有产权发挥有效作用。而私有产权与市场机制天然联系在一起，市场功能得以有效发挥。

当然，市场体制中如果都是私有产权，资源的有效配置也是难以实现的。国有产权的存在可以维持社会的稳定，实现全体公民平均价值的最大化，维护社会的总福利。从这个意义上说，国有产权的存在将有助于弥补市场机制配置资源的缺陷。

2.2 全民所有制

2.2.1 全民所有制的概念

"全民所有制"是在社会主义革命和建设的实践中创立的经济范畴，是社会主义公有制在特定历史条件下形成的一种具体理性模式，是指全体劳动人民作为一个共同体共同占有生产资料，其产权具有不可分性，由全体劳动人民作为一个共同体共同行使产权。现阶段以国家所有制作为全民所有制的具体实现形式，由国家代表全体人民行使全民财产权。

社会主义全民所有制是资本主义私有制的对立物，是生产社会化和资本主义私人占有矛盾发展的结果。它是在无产阶级夺取国家政权之后建立起来的。

1917年俄国十月社会主义革命胜利，无产阶级专政的国家政权通过没收资本家的资本和大土地所有者的土地，建立了世界上最早的全民所有制经济。

中国民主革命时期，在中国共产党领导的革命根据地已经有了全民所有制的萌芽。但主要还是在全国革命胜利以后，通过没收控制现代工业和国民经济命脉的官僚资本而建立的，接着又通过赎买方式实现了民族资本主义工商业的社会主义改革，完成了资本主义私有制向社会主义全民所有制的转变。

2.2.2 全民所有制的特点

社会主义全民所有制是社会全体成员共同占有生产资料的一种公有制形式，同工业、交通运输业中高度社会化的生产力是相适应的。其特点是：在全社会范围内，全体劳动者在生产资料所有关系上是平等的，这不仅排除利用全民所有的生产资料来剥削别人，而且排除了由于生产资料占有上的不平等而引起的生活富裕程度的过分悬殊，并为在全社会范围内有计划地组织生产、流通、分配和消费提供了可能。

但社会主义全民所有制相对于共产主义阶段的全社会所有制来说，还是一种不成熟的全社会所有制。这是因为国有企业还是一个相对独立的经济单位，还有自己的局部利益。因此，企业经营好坏还同企业的局部利益和职工个人利益紧密联系。只有到了共产主义阶段，生产资料的全民所有制才完全成熟为全社会所有制。

2.2.3　全民所有制的作用

全民所有制经济在社会主义国民经济中居于主导地位，是整个国民经济的主导力量。它在国民经济中所起的主导作用表现为：

（1）全民所有制经济生产出绝大部分的现代化生产设备、原材料和能源，从基本物质条件方面保证社会主义扩大再生产的顺利进行。

（2）全民所有制经济可为国民经济的技术改造提供先进的信息、设备和技术，促进科技的现代化，从而加速生产力的发展。

（3）全民所有制经济是我国社会主义建设资金积累的主要来源。

（4）全民所有制的生产性企业为满足劳动人民的物质文化生活提供绝大部分的消费品。

（5）全民所有制经济对整个国民经济沿着社会主义方向发展起着领导作用。

2.3　集体所有制

2.3.1　集体所有制概念

集体所有制是部分劳动者共同占有生产资料的所有制形式，是公有制形式之一。中国最早是在农业、手工业、商业和服务业中实行社会主义改造而建立起的集体所有制经济。

与国有制相比，集体所有制的不同特征主要是生产资料公有的范围不同。在农村，集体所有制经济占绝对优势，承担加强国民经济基础的重大任务；在城镇，集体所有制经济也占重要地位，在增加生产、繁荣市场、扩大就业、满足人民需要和扩大出口方面都发挥着重要作用。

集体所有制主要形成了对个体农业、手工业和个体小商贩进行的社会主义改造，也有的是在政府的指导下，由城乡居民根据自愿互利原则联合组成。其不同于个体所有制和资本主义所有制，和社会主义全民所有制属于同一类型的经济，都以生产资料公有制为基础，都是社会主义商品经济组织，个人消费品分配基本上都实行按劳分配原则。不同之处在于集体所有制下的生产资料不属于国家所有，只归部分劳动者集体所有，在集体所有制内部，所有权和经营权是统一在一起的，集体可以在国家计划、政策、法令允许的范围内自主安排生产经营活动，实行独立核算、自负盈亏，劳动者收入的多少完全取决于本经济组织的收入水平。

家庭承包经营是农业集体经济的主要形式。实行家庭承包，集体是包出单位，农户是承包单位；集体对一定量的土地规定出产量和上交任务，包给农户耕种；农产品收获后，农户首先要完成上交任务，剩余部分归农户所有。实行家庭承包，使农业集体经济发生了重大变化：① 经营方式的变化，使农民有了种田的自主权；② 分配方式的变化，使农户的收入与其生产成果直接联系起来，克服了分配上的平均主义；③ 所有制内容的变化，即在集体经济中加进了农户所有制的因素。①

2.3.2　我国集体所有制的历史演进轨迹

1. 改革开放之前的集体所有制

中华人民共和国成立初期，通过对手工业和农业的社会主义改造形成了城镇集体所有制和农村集体所有制两种集体所有制的基本类型。这两种集体所有制的建立意味着公有制绝对统治地位的形成，集体所有制自然成为中华人民共和国成立初期所有制结构的重要组成部分。

（1）城镇集体所有制。城镇集体所有制发端于社会主义经济制度

---

① 来源于 http://china.findlaw.cn/data/gsflgw_3483/6/24410.html。

的建立过程，城镇集体所有制产生于对城镇小私有制和个体经济的社会主义改造。在后续的发展进程中，依据各个阶段特定的历史需求，以现有的城镇集体所有制经济为母体，或扩大、或新建而不断扩大了城镇集体所有制，这些发展诱因是"大跃进"的建设高潮、经济调整、家属就业、知识青年回城等。到 1978 年，集体工业企业个数占全国工业企业总数的 3/4，职工人数占 1/3，总产值占 1/5[32]。

（2）农村集体所有制。农村集体所有制产生于对农业的社会主义改造，而这一过程在计划经济体制和重工业优先发展战略选择的强烈促动下，1957 年将 1.2 亿个体家庭农户组织成为 75.3 万个高级社[33]。在这种组织形式中，财产不属于个体农民，而被合并为不可分割的集体财产，它很像一个由国家直接经营的"农业企业"，在极左思想和急于求成的共同作用下，1958 年年底完成了人民公社化运动，将 70 多万个高级农业合作社改组为 2.6 万个人民公社。

针对我国集体所有制的形成已有大量研究文献，我们认为，秉持以下观点可以有助于准确地理解这一历史进程。

（1）在特定的国际政治格局中理解这一历史进程。中国社会主义制度的建立正值社会主义阵营的鼎盛时期，中华人民共和国成立初期所有制的结构框架主要来源于苏联的认知模式。斯大林曾经明确指出：生产工具和生产资料的社会主义所有制有两种形态，一种是"全体人民一起占有生产工具和生产资料的全民所有制"，另一种是"在集体劳动基础上成长起来的集体所有制"[34]。在我国宪法和其他重要文献中至今依然如是表述。这一国际政治格局具有难以抗拒的"裹挟效应"。

（2）在中国实践中理解这一历史进程。中国社会主义经济制度的建立毕竟是一个实实在在的社会过程，特殊的社会背景、领导人的个人风格、领导集团的思想认知、政治权力的具体架构等共同决定了这一历史图景。事实上，党的领导人十分明晰地洞察了苏联模式的致命缺陷——"农、轻、重"关系失调不利于调动各方面的积极性，主张坚持重工业为主，同时适当加大农业和轻工业的比重；坚持巩固中央统一领导，同时扩大一点地方的权力，给工厂一点独立性，努力把党内外、国内外的一切直接、间接的积极因素全部调动起来，把我国建设成为一个强大的社会主义国家[35]。

（3）在"公有制情结"中理解这一历史进程。传统理论中将"公有制"视作社会主义的根本经济特征，苏联的社会主义实践又"验证"了公有制的优越性，理论和实践的结合赋予了公有制以魔幻色彩，由此形成挥之不去的"公有制情结"，产生了急于过渡的政治诉求。党的领导人认为，社会主义社会的全民所有制和集体所有制长期并存，"不适应生产力的发展，不能充分满足人民生活对农业生产越来越增长的需要，不能充分满足工业对农业原料不断增长的需要。而要满足这种需要，就要把集体所有制转变为全民所有制"[36]。

中华人民共和国成立初期集体所有制的形成由众多因素汇聚而成，后人的简单评判都可能有违于当时匆匆的社会行程，基于这一历史所发生的后续社会选择才是问题的关键所在。而既定的制度选择的僵化，致使触动既定制度的实质性变革来得太迟。

2. 改革进程中的集体所有制

改革进程中集体所有制的轨迹主要体现为以下三种集体所有制形式的变化：城镇集体所有制、农村农业集体所有制和农村乡镇企业集体所有制。

（1）城镇集体所有制。

城镇集体所有制属于公有制的组成部分，但这种经济形式和城镇全民所有制经济并存于同一空间，由此造成了城镇集体所有制经济长期的尴尬局面：改革之前，虽然都是公有制经济，但城镇集体所有制经济不能获得与全民所有制经济相同的体制支持；在管理方式上，虽然确知它和全民所有制经济的差异，但对其的管理几乎完全按照全民所有制经济的管理模式实施，在产权制度、管理者确定、分配制度、政企关系等方面沿用了全民所有制经济的做法，使之成为一定范围内的劳动群众的"全民所有制"。

城镇集体所有制经济具有十分明确的"过渡"心结——集体所有制是一种比全民所有制较为低级的所有制形式，其趋势是向全民所有制过渡，由"低级"产生歧视，由"过渡"产生权宜；全民所有制经济具有十分鲜明的"豪爽"气质——既然都是公有制，采用统一的管理模式既简单又经济。"过渡"心结和粗放管理方式的结合，使城镇集体所有制经济在传统体制中面临"双重窘境"：既难以获得发展所需要的资源支持，又难以避免国有企业的全部弊端。

以下一组数字可以说明城镇集体所有制的变化：到 2004 年年底，全国城镇集体企业减少了近 80%；到 2005 年，城镇集体经济就业人数占城镇就业总人数的比例不到 3%；2006 年，集体经济职工平均工资相当于全国职工平均工资的 62%；2007 年，集体工业企业实现利润 566 亿元，仅占全国工业企业实现利润的 2.46%；集体企业固定资产投资占全社会固定资产投资的比重为 2.5%[37]。

在总的趋势上，城镇集体所有制经济和全民所有制经济"同呼吸，共命运"，只是由于其先天不足，加之体制性保护更弱，退出得更早、更彻底。

（2）农村农业集体所有制。

中国改革发端于农村，对此的解释是：在既定体制框架中，农业成为我国经济体系中的最薄弱环节，粮食生产事关民生和国家稳定；在特定的历史背景中，农村改革具有简单易行、成本较低的优势，并且不会对整个社会体系形成较大冲击；农业的产业特点使之成为适宜采用家庭经营的产业。

中华人民共和国成立以后，依据不同时期的发展需求和政策环境，先后出现了三次自发的制度变革尝试，这些尝试虽然为当时的政治气候所不容，但这些历史印记为启动新时期的农村改革提供了社会基础[38]。

从 1978 年年末开始，下有以农民意愿为基础的诱致性制度变迁，上有中央对这种制度变迁效果的积极回应和在此基础上推进的强制性制度变迁，两种制度变迁形式的汇合迅速成为促动社会变革的强大力量。至 1983 年，家庭联产承包制成为占绝对统治地位的农业经营制度，"标志着中国农业完成了由人民公社集体经济制度到农民在'承包'土地上建立的家庭农场制度的过渡"[39]。

在这一农业经营制度中，农户是原发性的农业经营主体。"农户优势"支撑了农业经营制度的稳定性取向，而"农户局限"则催生了各类新型农业经营主体，由此形成农户经营、农业大户经营、股份合作经营、租赁经营、家庭农场经营等经营形式并存的农业经营主体体系。在这些农业经营形式中，只有股份合作经营还可能存在集体所有制关系，其标志是形成由合作者共同所有的财产。但在实践中，出于风险控制和节约交易成本的考量，经营者向农户支付固定数量的货币或粮食相当流行，这种合作经营事实上转化成了租赁经营。

另外，股份合作经营作为一种农业经营形式，存在所有制形式认定和经营效率之间的两难窘境：集体所有制不能将产权量化到个人，而经营绩效则要求将产权量化到个人。经营绩效的强制性必将排斥对这一经营形式集体所有制属性的认定。

农业经营制度的变化还可以通过土地产权结构的演进方向加以说明。农业经营制度所依托的土地产权结构是集体拥有土地所有权，农户拥有土地经营权。实践中的"三十年不变""长久不变""保障农民的土地权益"，承包经营权可以转让、抵押、担保，让农民更多地获得土地的增值收益，准许集体土地进入土地市场，这些制度调整具有稳定的实践指向——强化土地经营权权能，与之同时发生的是弱化土地所有权权能。

（3）农村乡镇企业集体所有制。

乡镇企业是我国历史进程中产生的一种特殊形式的集体所有制经济，其前身是"社队企业"。在计划经济制度下，"社队企业"的生产经营活动受到严格的限制，局限于满足社队的自给性需求，而不能发展面向市场的加工业。由此决定，这一时期的"社队企业"难以挣脱发展的制度约束。

中国农村改革的启动和越来越鲜明的市场化取向相结合为"社队企业"顺利转变为"乡镇企业"提供了发展环境，支撑完成这一转变的因素包括劳动力供给、制度环境、资本积累和市场条件等。至20世纪90年代中期，乡镇工业在我国工业中的份额已是"三分天下有其一"。

随着各种条件的变化，乡镇企业在20世纪90年代初期度过了其发展的巅峰时期之后，发展速度趋缓、效益下降。面对这一转变，在

1993 年陆续出现乡镇企业的改革实践，此时改革的主要内容是转换经营机制，改革的对象主要是经营状况不好的企业。1995 年，乡镇企业改革才开始触及产权制度，具体改革方式是股份合作制与亏损企业的兼并、拍卖。

乡镇企业的实质性改革起始于 1997 年：① 从转换企业经营机制转向以产权制度改革为重点；② 从一部分企业到所有乡镇企业；③ 从多种经营形式的改革收敛于"拍卖转私"一种形式。依据张军等人对这一问题的调查，除去对三产为主的乡镇企业采用租赁形式、对实际上是私人企业的乡镇企业解除挂靠之外，这一时期改革的形式主要是拍卖转私、租卖结合、股份经营。"拍卖转私"的性质不言而喻，而"租卖结合"和"股份经营"也是以私人资金置换集体资产。由此得出结论："所谓的改制实际上是一个集体资产有偿转让给私人的过程。"[40]

在不断前行的历史进程中，城镇集体所有制和农村乡镇企业集体所有制已经终结，农村农业集体所有制正在发生结构性变革，作为农村集体所有制核心内涵的土地所有权正被逐渐稀释，社会层面集体所有制的重建只能寄希望于发展新的集体所有制形式。

2.3.3　集体所有制变化的制度启迪

中华人民共和国成立初期形成的集体所有制至今历经近 70 年的变迁，随着改革的不断深入，决定集体所有制未来的相关变量已经相当清晰。此时，我们才能较为准确地理解集体所有制变化的内在逻辑，并从中获得制度启迪。[41]

（1）集体所有制和所有制结构调整。

集体所有制的变化轨迹必须在所有制结构调整的历史背景中加以理解：在社会主义经济制度建立的历史背景中，集体所有制成为公有制的组成部分之一，并发挥了积极作用；在改革开放的历史背景中，多种所有制形式的出现和发展使集体所有制的体制弊端得以显现，集体所有制经济逐渐退出。所有制结构变化的基本走向是公有制经济的比重降低，全民所有制经济在经济和社会功能方面的优势决定了集体所有制减少的必然性。

（2）集体所有制的历史选择和动态调整。

中华人民共和国成立初期形成的所有制结构以及形成这一结构的具体社会进程都体现出一种历史的必然，后人纵然可以设想若干替代选项，但都无法逃脱时过境迁的局限。在任一时点上，当下选择的正确性都具有相对性，而人们又必须做出选择。因此，相较于选择本身而言，对待选择的态度更加重要，依据当时的经济和社会进程调整既定的制度性安排可以弥补既定选择的局限，提升制度的适应性。

（3）集体所有制和体制选择。

从表象上看，改革开放前后集体所有制的历史命运迥然不同，这种关联景象难免产生一些幻象。改革前后决定集体所有制的力量分别是政治变量和经济变量，两者的差异在于前者可以在一定限度内人为操控，后者则来源于客观的竞争格局。事实上，改革开放之前公有制内部的消极因素不断滋长已经严重限制公有制积极因素的发挥，这似乎包含着重新进行体制选择的强制性。因此，集体所有制的变化和体制选择有关，但体制选择不是决定集体所有制变化轨迹的唯一因素。

（4）集体所有制和所有制的内部结构。

在现实的历史进程中，人们关注的焦点往往集中于公有制和非公有制，而较少关注某一种所有制的内部结构，这种思维惯性可能隐含着结构盲点。仅仅在"公""私"层面上观察所有制问题往往演化成一种"对立思维"，很难找到两者混合成长的基础，"混合所有制"根本无法产生。无视所有制的内部结构，往往看不到一种所有制形式"好"或者"不好"的支撑点，只能停留在价值层面对其做出评判，由此产生了大量的实践误区。在实践层面，与集体所有制减少伴生的国有经济的强化依然保障了公有制主体地位的实现，这种结构思维启发我们思考问题的另一面，即非公有制经济的结构优化。

（5）集体所有制和制度敏感性。

我国所有制结构调整是渐进的，"渐进"意味着相关主体具有感知环境变化并适时调整策略应对的机会。但现实中的集体所有制不具有这种制度敏感性：公有制在既定体制框架内的统治地位使其"高枕无忧"，集体所有制的从属心态使其"背靠大树"。当然，制度敏感性在现实的历史进程中不可能对集体所有制产生"起死回生"之效，但具备制度敏感性却是任何经济主体生存和发展的基本素养。

（6）集体所有制和所有制的功能结构。

任何一种所有制结构都应该在经济和社会发展职能中说明其合理性，每一种所有制形式都存在社会所赋予的经济和社会职能，如果一种所有制形式不能有效地完成其职能，就理应减少其比重，甚至是退出，与其相伴的是另一种所有制形式的边界扩充。在单一公有制的制度结构中，这种替代可以表现为全民所有制形式和集体所有制形式之间的相互替代；在多种所有制并存的制度结构中，这种替代形式更具多样性。因此，在所有制结构问题上，社会应该寻求并致力于建立与经济和社会发展相适应的所有制结构，集体所有制的演化轨迹正是这一诉求的实践表现。

2.4　混合所有制

2.4.1　混合所有制的概念及性质

1．混合所有制的概念

到目前为止，人们仍未对混合所有制形成统一的看法。在学术界，关于混合所有制含义的探究与讨论在混合所有制理论的探讨中争议最大，主要有以下四种对于混合所有制含义的理解。

第一，微观层面的理论。微观层次论又分为以下二种不同的意见：① 混合所有制是由公有制成分和非公有制成分互相结合所形成的。它是由公有经济、集体经济以及混合所有制经济联合构成，与国有企业、集体所有制企业一样，"混合所有制企业"亦是多种所有制的一种具体形式。② 混合所有制是由许多投资者共同投资而不是一个单一的身份，这是混合所有制的定义，也是一种企业发展的模式。③ 就现代化企业而言，混合所有制经济形式代表了两方面内容，一方面是一种经营的方式，另一方面是一种财产的相关组织形式。

第二，宏观层面的理论，也可被称作经理制度基本论。这个看法认为，以公有制为主体，多种所有制经济共同发展的混合所有制是处于社会主义初级阶段中的一种基本经济制度。

第三，两层次论。该观点认为混合所有制存在两种含义：第一种含义是指不同所有制在整个社会层面中相互之间"板块式"的并存和混合；第二种含义是指不同产权主体在企业层面上"渗透式""胶体式"的混合，相互渗透、相互融合。

第四，多层次论。有两种对多层次论的不同表述。一是从三个方面进行对此观点的分析，即宏观、微观以及经营方式上：① 认为混合所有制是以公有制为主体，多种所有制共同发展，这是在宏观层面上的剖析。② 认为混合所有制的表现就是企业所有制的主体多元化趋势的出现，这是从微观结构上来看。③ 具有多元化、混合化趋势的经营方式崭露头角，这是从经营方式上来看。除此之外，另一种表述认为，所有制的结构、公有制和市场经济相结合的实现形式、企业资本的组织形式以及经济成分都是混合所有制所具有的含义。

将学术界的各种观点综合起来，本书可以从广义和狭义两个层面对"混合所有制"进行界定。

（1）从广义上讲，混合所有制是指多种所有制并存在社会经济结构中，使公有制与各种非公有制并存、共同发展，这是一种混合状态下的所有制结构。在我国，所有制的混合结构是指这样一个混合格局，即以公有制为主体，多种所有制经济共同发展。

（2）从狭义上讲，混合所有制是指不同所有制性质的产权主体共同投资参股、相互融合而形成的企业产权组织形式，它是一种新的独立的所有制形式，由不同所有制成分联合形成。

在所有制中，有许多具体的所有制形式，混合所有制只是其中的一种独立的类型，它由不同所有制性质的产权主体共同投资参股、相互融合而形成，是一种企业产权组织形式和经济形式、同一经济组织中不同性质的产权形式。其特点包括：① 联合或融合了包括国有、集体、个体、私营、外资及其他社会法人产权等产权形式。② 不在行业范围、所有制性质的局限内，脱离了地域限制，使多种所有制形式及不同地区多元化主体的融合得到实现。③ 是一种产权主体多元化、运行社会化的财产制度，适应于社会化生产、市场经济的发展。这种新的企业所有制形式是由两种以上的所有制通过并立、重组而产生的。

同一经济组织中国有、集体资本和个体、私营、外资等非公有资本的结合或融合，是混合所有制的具体表现形式。因此，一般股份制的自然特性，混合所有制也同样具备，它是一种特殊形式的股份制，混合所有制经济的产权制度基础也由此而构成，这也相应地导致在股份制经济中存在着一种特殊形态即混合所有制经济。在市场经济条件下，不同所有制的产权形式并存，为混合所有制和混合所有制经济的产生提供了可能性。

1970 年之前，许多资本主义发达国家就设立了不少国有及国家控股、参股企业，涉及航空航天、能源、公共交通等军工和基础设施领域，到目前为止，仍有部分存在并发挥作用，这些国家的混合所有制经济具有一定的规模。随着我国形成了以公有制为主体、多种所有制并存、共同发展的格局，各类不同所有制企业间也随之生成和发展了相互投资、相互发展的混合所有制。在混合所有制这个产权基础上，随之蓬勃发展的便是混合所有制经济。它的提出，是针对传统所有制结构的弊端和转轨中存在的问题、适应建立完善的社会主义的市场经济体制。

2．混合所有制的性质

人们对混合所有制的性质有不同的定性，它是一种新的独立的所有制形式。长期以来被人们承认的只有两种基本的所有制类型——公有制和私有制，这两个范围的所有制形式没有脱离，就必然造成混合所有制性质被误解、有争议。

事实上，随着社会主义市场经济实践的发展，财产所有关系的全部内容已不能被公有制和私有制这两种所有制形式所涵盖。改革开放以来形成了这样一个基本的经济格局，即以公有制为主体、多种所有制共同存在和发展。公有经济和非公有经济、劳动要素所有者和资本要素所有者通过一定的资产组织形式，结合形成如股份制、股份合作制、合作制和联营经济等多种新的财产组织形式，并且这种财产混合所有的经济单位随着市场化程度的提高迅速增多，在社会主义市场经济中逐渐成为重要的微观基础。

中共十四届三中全会指出，新的所有权结构将随着产权的流动和重组以及财产混合所有的经济单位越来越多而形成。随着扩大混合所有的经济单位（诸如中外合资合作企业、股份合作制企业，以及含有个人股和私营法人股的股份制企业）在量上的增长和规模的扩大，规范财产所有关系的法律，稳定财产所有关系的组织，最终必然形成一种独立的、次生的、新的所有制形态——混合所有制。混合所有制作为一个独立的概念，它的所有制形态是次生的或非基本的，这种新的所有制形态由原生的或基本的所有制形态发展变化或重新组合而成。

总而言之，混合所有制是一种崭新的、独立的所有制形式，在公有制和私有制的母体上生长起来，在社会主义市场经济发展过程中，这种新的产权组织结构由公有制经济和非公有制经济成分的相互渗透、相互融合而形成。[42]

2.4.2 混合所有制的基本特征

混合所有制是一种主体多元化、运行社会化的财产制度，与市场经济和社会化大生产相适应。混合所有制既不是单纯的公有制也不是纯粹的私有制，它的性质由控股主体的所有制形式所决定。而从资产运营的角度来分析，混合所有制无论其资产来源是公有还是私有，都已打破公有制和私有制的界限，融合成为企业的法人财产。其具体特征如下：

1．资本形成的开放性

混合所有制企业的形成是开放的，资本也是开放的。我国目前的混合所有制企业主要分为以下三种形式：

（1）由公有制和私有制联合组成。

它可以分为两种类型：一种是国有经济或者集体经济联合国内私营经济形成的企业；另一种是国有经济或者集体经济联合外资形成的企业，像一般的中外合资经营、合作经营都属于这种类型。

（2）由公有制与个人所有制联合组成。

它主要包括：实行国有企业股份制改革时，吸收本企业员工所持有的股权的企业；在集体经济中，实行股份合作制的企业里，结合集体所有和个人所有的混合所有制企业。

（3）由公有制内部的国有企业和集体企业联合组成。

譬如城市的国有企业及农村的乡镇企业、城市集体企业所组成的联合体，这也是公有制企业间的一种联合。

2．产权结构多元化

混合所有制实现了产权主体的多元化和分散化，它使得不同的所有制形式和不同的所有者主体相融合，联合了不同所有者的产权形式。同时，混合所有制还让占用和使用生产资料社会化变成现实，联合生产者的资产共同占用生产资料的实物和价值形态，在承认主体利益的同时还能使资本使用社会化。混合所有制经济运行十分规范并且高效率，股权设置合理，内部相关责任、权力、利益关系界限分明，产权结构多元化的同时也十分清晰。

3．经济形式的联合性

利益载体是所有权的实质，而所有权运行的制度安排就是所有制形式。公有权和私有权的对立就是个人利益和公共利益的对立，简单来说就是利益的对立。非公有制存在的合理性代表私有财产和公有财产的合法性，如果想要调动这种所有权的所有者的自主性和积极性，就要保护所有者的利益。混合所有制在更大的范围内融合了私有权和公有权，统一了个人利益和共同利益，是财产权的联合，并且有利于社会资源的合理配置。

4．多样性的经济组成成分

混合所有制经济以多种经济成分作为基础，通过多种联合途径，可以产生多种多样的混合经济具体形式，而且在初次联合的基础上，还可以复合再联合，形成丰富多彩、种类繁多的混合所有制经济具体形式。

5．适应市场的灵活性

市场经济实质上是一种交换经济，是发展到高级阶段的商品经济，而商品交换实质上是所有权之间的交换，是不同的利益主体之间的交换。建设社会主义市场经济体制的前提条件是建立起社会主义市场经济的交换关系，而社会主义市场经济的交换关系是所有制改革的出发点，这是由于，在以往的公有制经济中所有权单一，产生不了社会主义市场经济的交换关系。混合所有制经济的实质就是将非公有制经济和非国有经济加入公有制经济的内部，建造出不同的所有权主体、交换主体以及利益主体。市场交易、竞争以及优化的资源配置的前提就是存在多元化的利益主体和众多的市场参与者，因此，混合所有制经济与市场经济相适应。

2.4.3　混合所有制企业内涵及形式

改革开放以来，中国所有制结构的演变集中体现为混合所有制的产生与发展：在宏观层面，形成以公有制经济为主体，多种所有制经济相互并存、共同发展的新格局；在微观层面，多种所有制经济成分相互融合与渗透，形成越来越多的投资主体多元化的混合所有制企业。

因此，混合所有制是与社会主义市场经济体制相适应的一种投资主体多元化、经济运行社会化的产权制度。混合所有制是由两种或两种以上基本所有制通过合并重组而产生，是在公有制和私有制的母体上生长起来的一种次生而崭新的所有制形态。

结合前述学者对于混合所有制含义的论述，本书认为混合所有制有宏观和微观两重含义，宏观是指社会经济结构中公有制与各种非公有制并存与共同发展的格局；微观是指不同所有制性质的产权主体共同投资参股、相互融合而形成的企业产权组织形式，即混合所有制企业。因此，混合所有制企业是混合所有制在微观层次的体现。

混合所有制企业是由所有制性质不同的资本在同一企业中"混合"而形成的企业产权组织形态，包括国有、集体、个体、私营、外资及其他社会法人产权等产权形式间的联合或融合，超越了行业范围和所有制性质的桎梏，克服了地域制约，融合了不同所有制形式、地域和所有者主体。混合所有制企业不同于传统的国有企业，它既保持了国有的基本性质，但又不排斥非国有的东西，其运营又能按照市场原则进行，这正是社会主义与市场经济在企业内部的最好结合。中国的混合所有制企业主要有包含公有和私有股权的股份制企业、包含公有和私有股权并兼有劳动联合特点的股份合作制企业、中外合资经营企业、中外合作经营企业等。

根据混合所有制企业中国有产权与其他产权混合的层级不同，可以将混合所有制企业分为混合所有制企业 I、混合所有制企业 II 和混合所有制企业 III 等[43]。① 混合所有制企业 I 是指国有产权与其他所有制产权首次融合形成的混合所有制企业；② 混合所有制企业 II 是指混合所有制企业 I 作为投资主体，通过对外投资与其他所有制产权再次融合形成的混合所有制企业；③ 混合所有制企业 III、混合所有制企业 IV 等依次类推，如图 2-1 所示。当不同层级的混合所有制企业交叉持股形成新的混合所有制企业的层级时，以较高层级为准，如图 2-2 所示。

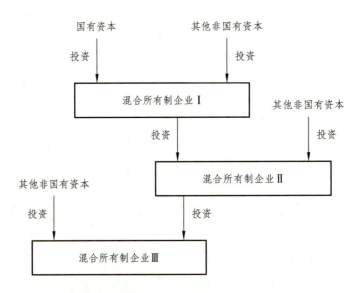

图 2-1 相对简单的混合所有制企业

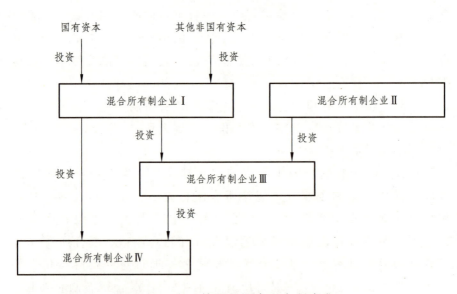

图 2-2 交叉持股的混合所有制企业

2.4.4 混合所有制经济与股份制经济的区别

正确认识混合所有制经济与股份制经济，是理解混合所有制经济的前提。我们所说的股份制是指以投资入股的方式将闲散的、属于不同人所有的生产要素集中起来。对于手中持有股份的人我们称之为股东，股东按照所持股份的数量来进行公司的利润分红，所以说股份制是一种企业财产所有制的经济组织形式。本书所要讨论的混合所有制经济是指在一个企业的内部实行公有制经济成分和非公有制经济成分的混合而形成的统一体。通常意义上所说的股份制企业，是指两个或多于两个的不同性质利益主体在自愿的前提下以投资入股的方式组成的企业组织形式。

从提出的角度来看，混合所有制顾名思义就是从所有制的角度来说的。而股份制是从股东依据股份入股这种企业资产的组织运营方式提出来的，它是现代企业制度的一种实现形式。但是两者又有着密切的联系，混合所有制经济最有效的实现和运行方式是股份制，用股份制将公有制和非公有制两种不同所有制经济形式联合起来，顺应我国社会主义市场经济条件下的经济体制的发展。因此，在一定程度上，混合所有制的特殊形式是股份制经济。

2.4.5　发展混合所有制经济的意义

在我国社会主义初级阶段，发展混合所有制经济至少具有以下几个方面的意义。

1．混合所有制为盘活国有资产存量、促进国民经济快速增长找到了有效的途径

从管理学的角度看，资产要做到保值增值，必须同时抓好生产管理、经营管理和资本管理三个环节，其中，以资本运营为核心的资本管理是最高级且最有效率的环节。资本运营的过程事实上就是通过资本有目的的运动和资本形态规则变化实现资本增值的过程。大致说来，资本管理包括如下几方面的内容：

（1）优化存量资本，即优化存量资本在货币资本、生产资本、商品资本中的比例和结构。

（2）扩充增量资本，即不断追加新的资本，扩大资本规模。

（3）资本集中，即通过多种形式聚集其他资本，迅速增大资本总量。

（4）资本分散，即把总资本分割成规模较小的资本，实行分立经营。

（5）要素流动，即改变要素在生产过程中或生产过程外的形态，使资本在运动中增值。

以上五个方面归结到一点，即必须使资产从停滞状态转化为运动状态，以便随时根据市场变化实现最优配置，而要如此，资产就必须顺利流通，必须市场化。

2．混合所有制为实现政企分开创造了产权条件

我国经济体制改革从一开始就把政企分开作为企业改革的主要任务，然而时至今日，收效并不显著。究其原因，一方面，是在原经济体制下，国有企业运行的产权基础是单一的国有制，政府是国有企业唯一的投资主体和利益主体，在不存在其他利益主体与之制衡的情况下，政府要插手和干预企业的生产和经营决策也就理所当然；另一方面，企业靠着政府也有诸多便利，即使亏损也不用自己承担责任，有政府帮助筹集贷款和救济职工。因此，无论是从政府角度还是从企业角度，都未必真心实意愿意做到政企分开。

如要真正做到政企分开，只有一条出路，即必须构建能够实现政企分离的产权基础，在国有经济内部引入其他形式的所有权，使原国有企业的投资主体多元化，造就不同利益主体相互制约的混合所有制。混合所有制将打破国有所有权铁板一块的格局，企业不再是单一国有经济的利益载体，而是各种不同经济利益的代表，不同经济利益主体之间相互制衡，在企业的发展问题上相互协商，政府作为股权持有人之一，不能随意左右企业的投资、生产、经营和分配决策。

3．混合所有制为资金大规模聚合运作以及生产要素最优配置拓展了广阔的空间

在经济全球化的背景下，各国企业对全球市场的争夺日益激烈，而这种竞争实际上是规模和实力的较量，依靠资本的联合和集中来提高市场竞争能力已成为世界潮流。仅 1996 年一年，全球企业跨国合

并、兼并就达 5 540 起。230 家世界跨国公司进入了中国市场，有的已占据了行业主导权，并吞没了我国不少的国货名牌。面对跨国公司瓜分中国市场的巨大压力，下决心铸造我国企业的"航空母舰"以与外国工业巨头相抗衡，已成为当务之急。

要做到这一点，就必须打破地区、行业、部门乃至所有制的限制，把全社会分散的资金按市场效率的原则聚合运作，并实现所有生产要素的最优配置。全社会生产要素的可动员规模最关键的决定因素是所有制形式，即所有权的聚合机制和配置机制。不同的聚合和配置机制有不同的生产要素组织形式，而生产要素利用的范围和深度不同，其利用效率也不相同。单一的所有制形式由于不能使不同性质的所有权相互兼容，因此其吸收和调动社会经济资源的能力便受到种种限制。只有混合所有制才能做到使不同种类、不同性质的经济要素自由组合、任意配置，并在不断运动的过程中达到最优。在迅速把社会闲散资金吸聚为大规模资本的能力方面，混合所有制具有其他单一所有制不可比拟的优势。与此同时，混合所有制还造就了资产所有权的流动机制，使资产的存量结构和增量结构遵循市场效率原则，在动态中不断得以优化，以促进国民经济的持续和稳步发展。

4．混合所有制为国有企业顺利转制提供了有利的契机

我国国有企业长期缺乏活力的最根本原因，是企业既无外在市场约束，又不负对内盈亏责任，产权不清，权责不明。要使国有企业走出困境，只有改变现有的经营机制，按现代企业制度的要求，将其改革成为自主经营、自负盈亏、自我约束、自我发展的市场竞争主体。在单一的国有制下，企业的资本所有权归国家，资本的各种权利和职能都由国家一个主体承担和执行，企业只是行政的附属物，产供销由主管部门决定，这种国家直接占有、经营的国有企业，实际上是一种特殊的"自然人"企业。因此，该所有制形式不仅难以使企业成为真正的独立法人，而且国家也不得不对企业承担无限责任，企业既不存在有效的外在硬预算约束，也缺乏竞争生成的内在激励机制。

2.5 国有资产流失

铁路混合所有制改革，势必会吸收非国有资本参与企业运营，因此防止铁路资产廉价出售，从根本遏制国有资产流失是铁路混合所有制改革的重中之重。

2.5.1 国有资产流失的概念

所谓国有资产流失，是指国有企业在经营与处置过程中，正常情况下不可能或不应该出现的应得未得或应保值未保值的现象，尤其专指由于人为原因造成的而并非客观上存在的或早已实际存在的但非显性的资产损失。对拟进行产权改革的国有企业进行审计、评估，扣减各种产权改革成本，所剩的国有资产进行标价出售，若没有进行公示、招标，或者由于人为原因明显低于标的价值出售的，称之为国有资产流失。然而，不合理的产权关系或治理结构持续下去，必然会造成国有企业不断地大量贬值，这才是国有资产的真正流失，也才是改革要真正解决的问题。

若从历史的角度和特定的社会背景来理解，有些情况并不是资产流失。例如最早出现的买断工龄，实际上是政府、企业和经营者之间的一个博弈。其后的企业产权改革直接就对评估的资产价格进行明折明扣，以便扣除买断工龄的费用。补偿从净资产切一块出来，满足公平推进改革的顺利进行。产权改革时还要剥离非经营资产、剥离企业办社会职能、实现社会保险的并轨等。在企业兼并中，任何企业产权的收购方都会挤出企业资产核算中的水分，为自己下一步重整经营创造一个坚实的基础。用企业的利润甚至存量资产来一次性地冲减企业的历史遗留债务和亏损，也属于企业收购和重组中的常规步骤，并不能以此作为资产流失的依据。

此外还涉及对国资质量的判断以及处置国资目标选择的理解问题。许多国有企业的账面资产有大量的不良不实资产，所以产权改革时国资大量"缩水"是完全正常的。另外，政府也可能有意识地将国资以低于正常的价格卖掉，这背后可能反映了政府对卖价之外的其他特定经济社会目标的追求，如职工就业、新控制人增量投资、经济增长、政府税收、筹集劳动统筹资金、救助特困群体、社会安定发展与繁荣等。原东德国有企业的账面资产达到万亿马克以上，而出售完之后，政府反而贴进去几百亿马克。政府觉得就业、增加企业的竞争力等目标比卖价更重要，只要能够实现那两个目标，就可以对卖价做大幅度折让。对于德国的这种现象，如果不做深入调查研究，可能就会认为是严重的国有资产流失。

2.5.2　国有资产流失与其他成本的区别

1. 国有资产流失与必要的改革成本

任何一项改革总是要付出必要的代价的，国有企业产权改革也不会例外，这些成本的支付不能被称为国有资产的流失。

（1）困难企业长期拖欠的职工工资、医药费、集资款和补偿金。首先，在国有企业产权改革时，没有根据实际情况对一些贡献较大的国有企业的高管给予优惠性的购股计划，应该借鉴"杯酒释兵权"来取得管理层对产权改革的配合、消除产权改革时的"内部人"抵触。其次，国有企业一般职工解除劳动关系时，没有拿到按照标准应得的经济补偿金，部分企业甚至将职工推向社会。另外，企业产权改革时内部退养人员的保障费用、社会化管理费用没有按照有关的法律、法规或约定执行。

（2）企业难以收回的应收款和长期挂账的各种损失。一些企业大量的应收账款实际难以收回，虽然官司胜诉，但会碰壁于执行难、一些债务人失踪、一些应收账款追收成本大于收回资金等情况。为了企业产权改革的顺利进行，这类损失不得不核销掉，而一旦被核销，如果没有相应的激励措施，国有企业内部往往再也不会有人主动去追讨，从而使得本可以挽回的损失被合法化地确认为事实的损失。

（3）管理层和员工持股的资金来源不合法，如向包括本企业在内的国有及国有控股企业借款，或以这些企业的国有产权或实物资产作标的物为融资提供保证、抵押、质押、贴现等，通过产权改革进行金融诈骗，骗取银行贷款，使国家蒙受很大损失。

（4）新的控制人由于战略、能力、资金或管理方式、管理文化等方面的原因，而把原来不错的国有企业拖入亏损的境地。新组建的企业，往往是资产、资金、人员、技术等生产要素在广泛领域的重新组合，在历史遗留问题尚未彻底消除的情况下，新的问题会不断地出现，外部市场的竞争和内部关系交织在一起，增加了新企业正常运作的难度。一些产权重组后的企业或在市场中蹒跚，或再次陷入困境，甚至濒临破产。

2. 国有资产流失与企业正常盈亏

亏损不等于流失，盈利也不等于不流失。不干涉经营过程中的盈利，而出现亏损却认为造成"国有资产流失"，这种做法显然不能成立。同样，有时即使企业盈利了，但实际本来可以获得更多的利润，盈利企业的这种行为反而有国有资产流失的嫌疑。国有企业的亏损有时之所以视为正常情况，关键的要素在于，经营性活动有亏也有盈，既然盈利正常，由于客观原因或非主观努力所能及的亏损就应视为正常。无论是潜在的还是显性的，若是正常性经营活动产生的，而非人为有意促成或故意制造的，亏损不能划入国资流失的范畴。

2.5.3　国有资产流失的表现与方式

一般地，国有资产流失有三层含义。第一层含义为名义流失与实际流失，第二层含义为显性流失与隐性流失，第三层含义为制度性流失与交易性流失。其中，制度性流失是最主要的原因。经济学强调通过自愿的契约关系来实现帕累托效率。较严重的流失不是在竞争企业，而主要是在具有垄断性质的企业。只要在企业收益中包含较多垄断租金的制度性安排，不论是来源于产品垄断，还是来源于获得资源的特权，都会存在较大程度的流失。

1．国有资产流失的表现形式

国有企业产权改革中出现的国有资产流失现象，大体表现为交易性流失和制度性流失。国有资产交易性流失是在交易过程中由于不评估、低值评估、低价转让、暗箱操作、巧取豪夺、腐败等多种行为所导致的国有资产流失。不规范、不严密、不公开的操作，引发人为侵吞国有资产，由此产生交易性流失。目前，这种流失方式已经引起人们的普遍关注，再加上国家的法律法规越来越完善，国有企业产权改革的政策措施和操作程序越来越规范，监督也越来越严格，防止交易性流失的办法越来越多，这种流失的势头已有所遏制。另一种流失就是制度性流失，即因国有企业治理结构不健全、投资决策失误、管理混乱、经营亏损、监督不力、腐败、侵吞、浪费等体制性因素引起的国有资产损失或转移。因此，不进行产权交易，不等于不会产生国有资产流失。国有资产制度性流失具有很强的隐蔽性和复杂性，不易引起人们的重视。

2．国有资产流失的方式

（1）不合理的打折收购。直接收购上市公司国有产权，每股净资产是价格底线，但如果收购大股东产权，则因大股东是有限责任公司，没有严格的政策约束，所以价格的弹性空间要大得多。例如，一些地方曾出台过相关政策，鼓励外资企业、民营企业收购国有企业。收购国有企业一次性付款的，可以按企业净资产的一定比例折价出售。

（2）自行制定考核标准。通过一些 MBO（Management Buy-Outs）案可以发现，管理经验、发展规划等软性指标也成为考核受让方的内容，并没有统一的考核方法与考核指标，操作的随意性也可能造成国有资产的流失。

（3）信息披露存在盲点。收购方资金的来源多为银行贷款，而所收购的产权大多进行了质押。如果直接收购上市公司产权，产权质押势必要进行披露。但如果是大股东的产权被质押，则完全可以规避信息披露。对于出售产权的信息采取不公开、不透明的暗箱操作，限制信息披露，为外部竞价者设置障碍或直接由利益相关者参与收购。

（4）行政权力干预市场活动的"寻租"行为。利用市场的不完善、制度的不健全、监管的不严格等，以各种违法违规手段牟取暴利，以及在经济体制变动、产权结构变动过程中，包括国有企业改革过程中，直接肆意蚕食和侵吞公共财产。

2.6 本章小结

本章阐述了所有制及其相关理论，包括产权及国有产权的含义及特征、全民所有制、集体所有制、混合所有制和国有资产流失等理论知识。

本书认为，混合所有制能够盘活国有资产存量、促进国民经济快速增长，为实现政企分开创造了产权条件，为资金大规模聚合运作、生产要素最优配置以及国有企业深化改革提供了有利的契机。

本书建议，依据混合所有制的特征，逐步实施铁路混合所有制改革。同时，铁路混合所有制改革势必会吸收非国有资本参与企业运营，因此要防止铁路资产廉价出售，从根本上遏制国有资产流失。

第 3 章　混合所有制：政策演进

我国国企改革是从激进的控制权改革向渐进的所有权改革推进，形成了以国有和非国有两大类不同的经济成分在企业内部融合的国企混合所有制结构。混合所有制的出现存在于国企改革的每个阶段，只不过不同阶段混合所有制的占比、表现形式及对社会影响有所不同。因此，本章通过梳理我国国企改革路径，发现国企混合所有制改革基本遵循"偏国营阶段—股份制探索阶段—混合经营发展阶段—经营主体市场化阶段"四个阶段的变迁路径。

3.1　混合所有制改革政策演进

3.1.1　偏国营阶段

第一个阶段从 1949 年中华人民共和国成立至 1978 年十一届三中全会召开前，为形式化混合所有制阶段。该阶段从经济成分共存的角度来看是多种所有制经济向单一公有制经济发展的过程，多种所有制经济中包含以资本混合和经营层面的偏国营形式存在的混合所有制经济，即主要指国家和私人合作的国家资本主义经济。因此该阶段不算真正意义上的国企混合所有制改革，属于以国家为主导的形式化混合所有制过渡阶段，很快退出了时代舞台。

中华人民共和国成立前期，我国经济受帝国主义、官僚主义、封建主义的压迫，生产关系严重落后于生产力的发展，生产资料所有制变革一触即发。1947年，毛泽东同志在《目前形势和我们的任务》中提出新民主主义经济纲领，随后新民主主义社会中出现了国营经济、合作社经济、私人资本主义经济、个体经济、国家和私人合作的国家资本主义经济五种经济成分。该阶段混合所有制经济主要指国家和私人合作的国家资本主义经济，即资本融合和经营权以国家为主的混合所有制形式。因此，该阶段混合所有制企业的行为主要由国家计划安排，为国家经济建设积累资金，为社会提供产品和就业岗位。

1952年，中央提出"一化三改"的总路线，在促进工业化快速发展的同时，由于受到"左"倾思想影响，公有制经济越发壮大，随后的"大跃进"和人民公社化运动更是将公有制经济推向高潮。截至1978年，生产资料所有制结构几乎是单一的公有制形式，没有混合所有制成分存在。在计划经济体制中所有的经济活动几乎全由政府计划和安排，企业经济缺乏活力、效率低下、浪费严重，最后由于国家经济出现较大困难而开启了国企改革的序幕。

3.1.2 股份制探索阶段（以控制权改革为主）

第二阶段从1978年十一届三中全会至1997年十五大召开前，为混合所有制萌芽阶段。该阶段，国企改革从控制权改革向所有权改革过渡，主要以控制权改革为主。此时，政策层面未明确提出混合所有制内容，混合所有制主要以股份制形式在社会中产生和发展，其中分为产生和发展两个阶段。

1978年至20世纪90年代初期为产生阶段。该阶段主要是以扩大企业自主经营权的国企控制权改革为主，尚未触及所有权改革。社会主义初级阶段理论的提出逐步推翻计划经济和市场经济的主辅关系，个体经济开始合法化，以股份制形式的混合所有制初见雏形，企业生产积极性得到改善。具体来说，经过十年的"文化大革命"，解决我国工业品短缺问题成为国家经济工作的头等任务。相比国外私有化在中国环境下带来的多重不确定因素，放权让利作为局部改革产生的信息反馈有助于减少和消除不确定性且对技术资金要求不高，有利于增强人们改革的信心。基于此，放权让利改革大规模展开。

1978 年年底，四川省政府同意对四川化工厂等 6 家国有企业实行放权让利试点，被改革的企业在完成计划任务后可按市场需求自行生产，所获收益归企业所有。这一举措使企业在极短时间内产生了企业产出和职工收入"双增加"的效果，从而引起其他企业效仿并得到上层关注。

1979 年 7 月，国务院颁布《关于扩大国营工业企业经营管理自主权的若干规定》，将放权让利政策迅速在全国范围内推广。放权让利改革使国有企业开始享受市场信号决策所带来的经济利益。然而由于放权让利本身的控制权属性，出现了边际效果递减现象：政府与企业间最初以签订合约而非转移所有权的形式进行放权让利改革，没有规定统一的利润分配办法，致使之后两三年内企业利润持续增加，但国家财政收入止步不前。于是，政府开始与企业进行重新谈判，通过制定企业所得税制度，依靠国有企业上缴利润增加财政收入。

1981 年 10 月，国务院颁布《关于实行工业生产经济责任制若干问题的暂行规定》，规定通过利润包干和分成等办法以保证国有企业的利润上缴数额。然而，实行后普遍出现了"鞭打快牛"的现象，企业生产积极性受损。因此，1983 年 4 月，国务院颁布《关于国营企业利改税试行办法》，规定实施所得税制度和利润调节税制度。此时处于计划经济阶段，未出现混合所有制成分，利改税仍然没有调动企业生产积极性。直到 20 世纪 80 年代中后期，受西方产权制度的影响，我国经济学家慢慢意识到国企改革无法回避的所有制改革问题。董辅礽、童大林等一批经济学家突破私有化禁区的阻碍，大胆讨论所有权改革，认为我国无法形成一个独立的商品市场的主要原因是一直以来我国受公有制控制，提出国企改革可以试行股份制改革。

1986 年年底，国务院颁布《关于深化企业改革 增强企业活力的若干规定》，决定废止利改税实行办法，全面推行企业承包经营制度，并对规模较小的企业实行租赁经营制度，各地还可以选择少数有条件的全民所有制大中型企业进行股份制试点。这是第一次在政策中提到股份制内容，采取股份制形式的混合所有制初见雏形。然而此时相关的所有权改革尚未推进，主要以承包制和租赁制形式的激进的控制权改革为主，要求企业按约定上缴利润，国家可以强化企业自主经营权。该制度助长了国有企业"短期行为"，注重当前利益而忽视了长期投入。

1987年10月，党的十三大报告《沿着有中国特色的社会主义道路前进》提出了社会主义初级阶段的理论，从此彻底消除了计划经济和市场经济的主辅关系，强调社会主义市场经济体制应该是计划经济与市场经济相协调的体制，为国有企业的发展营造了一个自由竞争的市场氛围。其中重点提及股份制形式是企业财产的一种组织形式。随后几年，国有企业改革更多地集中在财务重组和资产重组上，而不是大规模的所有权改革。至此为止，该阶段国企改革的主要矛盾是如何提高企业生产积极性和政府对企业经济剩余利润分配问题上难以达到平衡。可以肯定地说，激进的控制权改革有力地促进了国有企业控制权从政府向企业管理层的转移。股份制形式的混合所有制出现使企业生产积极性有所提高，但计划经济下国有企业机制僵化、发展弱化仍然阻碍企业发展。

20世纪90年代初期至90年代中后期为发展阶段。该阶段国企改革从控制权改革向所有权改革过渡，建立了我国社会主义市场经济体制的目标，以股份制为特征的混合所有制经济被社会肯定，国企所有权改革快速推行，中小型企业活力得到释放。20世纪90年代初期，股份制形式初见雏形，但由于意识形态未发生改变，实际意义上的所有权改革未快速推行。直至1992年，邓小平南方谈话肯定了股份制，国企改革随即展开。

1992年，党的十四大报告《加快改革开放和现代化建设步伐，夺取有中国特色社会主义事业的更大胜利》彻底推翻了计划经济的思想，确定了建立社会主义市场经济体制的目标，制定以公有制为主体和多种经济成分长期共同发展的方针。该政策为非公有制经济发展建立了一个统一开放的平等的市场体系，以股份制形式为主的混合所有制企业不断增加。

1993 年，十四届三中全会《中共中央关于建立社会主义市场经济体制若干问题的决定》指出，不同性质资本的流动和重组，财产混合所有的经济单位越来越多，将会形成新的财产所有结构。这是我国官方文件中首次出现"混合所有"这个词，表明中央已接受经济发展中不同性质资本间的混合。然而此时中央并没有使用"混合所有制"这个词，对"混合所有"上升到制度层面仍持保留态度。会议结束后，以股份制形式为主的混合所有制企业数量不断增加，中小型企业活力得到释放。然而当时所有权改革主要是以面向内部职工出售国有股份成为股份合作制企业，或者被管理层收购股权的形式展开。在客观情况面前，国有股权多元化的国企改革引起政府重视，催生了新一轮的国企改革。

3.1.3 混合经营发展阶段（以所有权改革为主）

第三阶段从 1997 年十五大开始至 2013 年十八届三中全会召开前，为大力发展混合所有制阶段。该阶段公有制和非公有制经济开始实施大范围的混合，混合所有制首次进入政策层面被提出，政府正式鼓励大力发展混合所有制经济，然而此时的混合所有制主要以各种资本"参股"的混合经营模式存在。

1997 年 9 月，党的十五大报告《高举邓小平理论伟大旗帜，把建设有中国特色社会主义事业全面推向二十一世纪》确立了社会主义初级阶段的基本经济制度。报告中首次提到混合所有制经济这一概念："公有制经济不仅包括国有经济和集体经济，还包括混合所有制经济中的国有成分和集体成分。"但此时尚未对混合所有制的含义进行明确定义。

1999 年 9 月，党的十五届四中全会《关于国有企业改革和发展若干重大问题的决定》进一步强调发展混合所有制经济的途径：国有大中型企业宜实行股份制的，要通过规范上市、中外合资和企业互相参股等形式改为股份制企业，发展混合所有制经济，重要的企业由国家控股。这是大会首次意义上提出国有大中型企业可以改为股份制企业，鼓励发展混合所有制经济。此后，国有企业开始尝试向民企和外企出售部分国有股权以形成国有控股的混合所有制企业。

2002年11月，党的十六大报告《全面建设小康社会，开创中国特色社会主义事业局面》再次强调，除极少数国有独资企业外，大部分企业应积极推行股份制，发展混合所有制经济；同时鼓励、支持和引导非公有制经济发展。

2003年10月，党的十六届三中全会做出《关于完善社会主义市场经济体制的若干问题的决定》，初次在报告中对混合所有制这一概念进行定义，即"大力发展国有资本、集体资本和非公有资本等参股的混合所有制经济，实现投资主体多元化，使股份制成为公有制的主要实现形式"。至此，发展混合所有制正式成为一项明确的战略方针并在实践中大力推行。如果说十五大是强调股份制不能简单地归公有或私有，那么这里是要求股份制成为公有制的主要实现形式。

2007年10月，党的十七大报告《高举中国特色社会主义伟大旗帜，为夺取全面建设小康社会新胜利而奋斗》关于国企改革的思路与上述提法是一脉相承、一以贯之的，报告提出："以现代产权制度为基础，发展混合所有制经济。"2007年以后，国企改革30年积累了不少矛盾和问题需要调整，国企改革导致国有资产流失的言论引起社会反响，加上为了挽救2008年全球金融危机，各国试行部分银行国有化，致使混合所有制改革一停再停。

综上，该阶段以股份制为主的国企混合所有制改革取得了一定的理论基础和实践基础，随着非公有制经济的比重不断上升，混合所有制形式从资本混合下的偏国营逐渐转向混合经营。然而此时对混合所有制经济的理解仅停留在"参股"层面，特别是对国有企业而言，国有股权仍然占据主导地位并且不可流通，参股的投资者没有实质意义上的控制权，难以达到与国有股东互相监督的效果，致使国有企业效率低下、政企不分、缺乏创新、企业活力受阻等问题日益显现。因此，有必要深化国企混合所有制改革，从混合经营向经营主体市场化过渡。

3.1.4　经营主体市场化阶段

第四阶段从 2013 年十八届三中全会召开至今，为深化混合所有制阶段。该阶段将非公有制经济放在和公有制同样的高度，为混合所有制经济发展创造了条件，继而深化混合所有制改革，在股份制为主体的资本混合前提下，从注重混合经营向经营主体市场化转变。

2013 年 11 月，十八届三中全会《中共中央关于全面深化改革若干重大问题的决定》（下称《决定》）标志着一个新的拐点，它为混合所有制改革涂上了浓墨重彩的一笔。《决定》一方面重新界定了公有制经济与非公有制经济的性质和地位，认为公有制经济和非公有制经济都是社会主义市场经济的重要组成部分，首次将公有经济和非公有经济放在了同一重要位置上，真正使得公有制经济与非公有制经济平分秋色，为混合所有制发展奠定了基础。另一方面提出我国基本经济制度的重要实现形式是国有资本、集体资本、非公有资本等交叉持股、相互融合的混合所有制经济。这不仅完善了我国基本经济制度理论，更是我国混合所有制经济发展上的一项重大突破。过去往往强调的是由国有控股、其他资本参股的混合所有制经济形式，而此次《决定》将混合所有制经济定义从"参股"改成"交叉持股"，不再限定非国有资本的持股比例，给非公有制经济开辟了新的天地，从而在真正意义上增强国有经济活力。显然，这一新的提法为混合所有制经济赋予了新的意义。综上所述，《决定》对混合所有制的认识更加深化，为国有企业改革开辟了新的方向。随即，国有企业混合所有制改革全面加速。

2014 年 7 月 15 日，国资委在中央企业启动了以发展混合所有制经济为主的四项改革试点。其中，中国医药集团总公司和中国建筑材料集团有限公司成为混合所有制经济试点。随即，中央、各省市国有企业相继成立深化改革领导小组，出台相关国企改革方案。具体表现在：中央企业层面，中央改革领导小组分赴重庆、济南、黑龙江等地进行密集调研，山西、甘肃、陕西等地相继出台意见。继中石化率先推行混合所有制改革之后，中海油、中冶、中石油等多家中央企业相继成立深化改革领导小组，改革思路日趋成熟。目前，石油、石化、电信、民航、建材等重要行业的中央企业都基本上市，且长期萎靡的航运板块迎来市场"价值重估",其他行业也焕发了企业活力。地方国企层面,全国 31 个省份在 2015 年地方两会中都提出了地方国资改革的蓝图,截至 2015 年 3 月,除吉林、福建、内蒙古、西藏、新疆外,其余 26 个省市相继出台了相关国资改革方案或措施。

为进一步深化国有企业改革,推进混合所有制改革,2015 年 9 月 17 日,中共中央、国务院《关于深化国有企业改革的指导意见》(下称《指导意见》)指出发展混合所有制经济,要鼓励多种方式同时进行。除了引入非国有资本参与国有企业改革外,还鼓励国有资本以多种方式入股非国有企业,与有技术或产品优势但资金不足的成长性小企业进行优势互补,从而实现各类所有制资本的共促共赢,并鼓励混合所有制企业实行员工持股试点,建立激励机制,激发员工的主动性和创造力,更好地推动上市公司的价值提升等。该《指导意见》是新时期下国企改革的纲领性文件,为国有企业混合所有制改革有序推进指明了方向,有利于企业间优势互补,提高国有企业资本利用率,激发内在活力。[44]

2016 年中央经济工作会议明确提出,混合所有制改革是国企改革的重要突破口,并提出按照完善治理、强化激励、突出主业、提高效率的要求,在电力、石油、天然气、铁路、民航、电信、军工等垄断性较强的领域迈出实质性步伐。

2018 年国家出台了 7 个专项配套文件,新一轮国企改革"1+N"文件体系形成,同时,国资委会同有关部门出台了 36 个配套文件。"1+N"文件体系及相关细则共同形成了国企改革设计图和施工图,国企改革"四梁八柱"已拔地而起。

3.2 国企混合所有制改革发展困境

3.2.1 管理层持股障碍分析[45]

发展混合所有制经济是推进国有企业改革和激发国有企业活力的有效途径,而管理层持股则可从产权上缓解国有企业混合所有制改革过程中的委托代理问题和所有者缺位问题。从总体来看,国企混合所有制改革中管理层持股存在着四点障碍，即制度障碍、社会认知障碍、企业治理结构障碍、管理层个人行为障碍。在国企混合所有制改革中推行管理层持股，须从以下几个方面做出努力：一是完善管理层持股的相关制度，二是发挥公众支持和媒体监督作用，三是健全企业内部治理结构和机制，四是增强管理层自身的自律与道德意识。

1．制度障碍

我国国有企业管理层持股计划随着国有企业改革的推进已经存在很长时间，在发展混合所有制的背景下，国有企业管理层持股也进行了一些尝试和探索，但由于缺乏制度安排和支持，国有企业混合所有制改革中管理层持股仅仅处于探索和讨论阶段。法律法规对经济运行形态起规制作用，国有企业混合所有制改革中管理层持股计划和设计也不例外，任何一项政策或措施只有得到上层建筑的明确支持并形成规范化的文件，才能得到彻底的贯彻和落实，才能拥有切实的执行力。国有企业混合所有制改革中管理层持股缺乏相关法律的约束和支持，便容易滋生腐败，导致国有资产流失，给混合所有制改革带来负面影响。因此，法律法规的不完善导致国有企业混合所有制改革中管理层持股存在着制度层面的障碍。

我国国有企业是一个特殊的法人群体，它既具有现代公司制下所有者与经营者相互分离的委托代理基本特性，又有着其独特的一面，即由代表国家和人民的国资委对国有企业进行监督和管理。这种运行体制缓解了政企不分问题，但是并没有从根本上解决所有者缺位问题，同时这种国有企业运行模式和监督机制也导致我国国有企业的产权不够清晰。产权不明晰就会导致"公地悲剧"，国有企业的领导者和管理者存在着为了自身利益而盲目扩张的动机，企业资源配置效率低下，造成国有资本运行效率低下甚至很多国有资产的流失，这就导致国有企业混合所有制改革中管理层持股外部环境不理想。因此，国有企业产权不明晰、所有者缺位也是影响管理层持股的障碍之一，同时这也是导致国有企业推行管理层持股备受争议的重要原因。

实现管理层持股的一个重要途径就是将本企业的部分股份出售给

现有的管理层，该过程的一个核心问题是企业股份的定价机制。现阶段，我国国有企业推行管理层持股的一个重要障碍就是缺乏透明合理的定价机制和规范化的定价程序，这就容易造成国有企业以低价甚至超低价格将股份出售给管理层，本质上就是将国有资产作为隐形福利发放给管理层，以变相的方式侵吞国有资产，导致国有资产的流失，从而使社会公众对国有企业以及相关领导部门失去信心，影响推进国有企业混合所有制改革相关部门的公信力，进一步阻碍管理层持股这一制度设计的实施。另外，在国有企业混合所有制改革中，管理层持股还面临着一个重要问题，即管理层持股比例问题，究竟多大的比例是在可控和可接受的范围内，尚未有统一定论，即便是学者们的研究，也对管理层持股比例大小与企业绩效高低之间的关系说法不一。管理层持股比例大小与国有企业经营绩效的关系不确定也是管理层持股的障碍之一，且其对管理层持股的影响主要体现在该计划的推广上。

2．社会认知障碍

国有企业通常在各自行业中具有垄断地位，同时享有国家的各项政策优惠，但是这些既能够获取高额垄断利润且又得到国家政策支持的国有企业，却频频出现各类腐败事件。国有企业高管利用自身的权力和地位为自己谋取巨额财富，更有甚者侵吞国有资产，这些问题使得社会公众对国有企业的改革工作失去信心，由此使得国有企业在改革中实施管理层持股这一制度时缺乏社会认知基础。任何一项制度或者政策的实施推广都需要获得社会公众的理解与支持，这是政策实施的基础和有效保障。我国国有企业的资本和收益应归全体人民所有，国有企业的管理层同样属于人民公仆，现实中他们也的确有着不同的行政级别，从这个角度看，国有企业混合所有制改革中管理层持股便是不合理的。这样一种社会认知对国有企业实施管理层持股造成了障碍。

3．企业治理结构障碍

现代企业治理制度是基于委托代理理论而形成的一套责权利关系，旨在解决所有者与经营者、董事会与管理人员之间的利益关系。目前，我国国有企业普遍存在着企业治理结构不健全、企业领导和管理层的责权利不清晰、企业内部控制体系不完善、缺乏内部管理人员之间的制衡与监督机制等问题。《企业国有产权向管理层转让暂行规定》明确规定，企业国有产权向管理层转让后仍保留有国有产权的，参与受让国有产权的管理层不得作为改制后企业国有股东的代表。但在实际执行过程中，类似上述条款或相关政策和要求并没有得到很好的落实。在这种情况下，国有法人和国有股东的监管地位和相关权益就得不到保证。因此，国有企业的法人治理结构不够健全、内部控制机制不够完善会导致其在混合所有制改革过程中实施管理层持股时出现诸多问题和障碍。

改革必会触动既得利益集团的利益，遭到既得利益集团的抵制，国有企业在推行混合所有制改革的过程中实施管理层持股亦是如此。在传统经营模式中，国有企业尤其是大中型国有企业在各种自然垄断和非自然垄断的行业中能够获得超额利润，伴随着的还有政府各种形式的补贴。在这种形势下，不管是国有企业本身还是国有企业管理层，都可获得一定的利益，部分管理者更是成为企业实际的内部控制人，形成了一个既得利益集团。实施管理层持股有助于改善国有企业的股权结构，改变以往的一股独大现象，并对促进国有企业产权改革、完善其法人治理结构具有重要意义。从这个角度来看，该改革措施是一个希克斯改进，而非帕累托改进，这必然会触及既得利益集团的利益，从而遭到其抵触。因此，既得利益集团抵触也是国有企业推行管理层持股的重要障碍之一[46]。

4．管理层个人行为障碍

理性人假设或经济人假设指出，在经济生活中，每一个参与人采取的行为都是利己的，都是为了使自己能够以最小的代价获得最大的利益。基于理性人假设，国有企业混合所有制改革中管理层个人难免会在企业经营管理过程中出于利己的考虑而做出损害企业利益和股东利益的行为，并因此产生我们常说的管理者道德风险问题[47]。企业所有者与经营者相互分离是现代企业制的典型特征，并由此产生一种现象，即企业的管理人员与股东权益常常出现分歧，在这种情况下，管理层的道德风险就成为企业日常经营中需要重点监督和防范的对象。

国有企业实施管理层持股的目的是改变企业的资本结构，并将短期激励制度（如年薪制）转变成依靠股权的长期激励制度，但是如果管理层利用此契机侵吞国有资产为个人谋取利益的话，此项政策所带来的效果就会与改革的初衷背道而驰。

因此，从这个角度考虑，管理层本身所固有的理性人特征和潜在的道德风险就会成为国有企业实施管理层持股的障碍之一。另外，在描述制度层面的障碍时，曾提到管理层持股的一个重要途径就是将股份出售给管理层，借此将管理层的利益与企业本身利益和股东利益融合在一起，但是该途径实施的前提是管理层本身拥有足够的资金或者是可代替的资本用来购买国有企业出售的股份，而国有企业管理层常常无法提供足额的资金[48]。由此可知，管理层个人出现的资金缺口同样也成为影响国有企业混合所有制改革中推行管理层持股的障碍之一。

综上所述，国有企业混合所有制改革中管理层持股的障碍主要集中于制度环境、社会认知、企业和管理层个人四个方面。虽然混合所有制改革中管理层持股在这四个方面都存在着不同程度的障碍，但是需要明确的是各种障碍之间并不是独立发挥负面作用的，而是互相影响的。如制度层面缺乏相关法律法规的监管使管理层个人更容易产生道德风险，同时也是因为制度上缺乏明确的支持保护，才会产生企业内部既得利益集团对政策落实的阻挠。这种混合所有制改革中管理层持股障碍之间的相互影响，也是制约解决对策效果的关键所在。

3.2.2 员工持股障碍分析[49]

员工持股的目的有两个：其一，激励员工将国企效益与个人利益挂钩；其二，改变国有单一股权的结构，让员工分享企业风险与收益。

一般来说，员工持股指的是全体员工持股并把它当成一种薪酬方式。这种方式并不一定好。员工成为股东后，他们在企业的身份发生了变化，从单一的被管理者变成了股东兼被管理者，结果是管理困难、员工缺乏流动性，职工会把国企工作当作铁饭碗。人人有股分红也就变成简单的收入，没有奖惩和激励分明的效果；另外，员工是短期利益的考虑者，想拿到更多的短期分红，与企业的长期发展可能会存在矛盾。而我们真正要实行的员工持股，应该是能够调动员工和经营者的积极性，使市场化运营机制得到推行，提高国企的效益的模式。

员工持股会对企业未来上市产生阻碍。根据《公司法》第七十九条规定，"设立股份有限公司，应当有 2 人以上 200 人以下为发起人，其中须有板书以上的发起人在中国境内有住所"。2000 年中国证监会法律部 24 号文规定"中国证监会暂不受理工会作为股东或发起人的公司公开发行股票的申请"。2002 年法协 115 号文规定，"对拟上市公司而言受理其发行申请时，应要求发行人的股东不属于职工持股会及工会持股"。《首次公开发行股票并上市管理办法》第十三条规定，"发行人的股权清晰、控股股东和受控股股东、实际控制人支配的股东持有的发行人股份不存在重大权属纠纷"。

总而言之，员工持股不能一概而论，需要理性、细致、科学地制定相关规则，让混合所有制改革企业员工也能享受企业改革带来的好处，最终调动员工工作积极性。

3.2.3　理性对待国企混改员工持股问题

如果在实行混合所有制员工持股后，企业资产得到增值，就可以说明这种奖励机制是有效的。对于公众担心的国有资产流失问题，如果企业经营者怕担国有企业资产流失的责任而怠政，不采取必要的经营手段，导致企业错失发展机遇，甚至破产，这种结果也是国有资产流失的表现，但是有几个问题必须特别注意。

（1）要防止一些企业借改革的浪潮把国有资产的收益悄悄转化为企业一部分员工的福利。因为国有资产是全民所有，而并不是属于部分员工的。在监管时，尽可能避免发生国有资产流失现象。

（2）要清楚员工持股和经营层持股成败的标准。在员工持股后，国有资产升值了，说明该种激励方式是成功的；反之，则说明该种方式存在一定的缺陷。不过，企业的绩效增长和市场环境是紧密挂钩的。不能光看员工持股或管理层持股后 1 到 2 年内企业的经营情况就轻易下结论，武断地判断该企业实施的员工激励方式没有效果。例如，某些房地产企业的绩效跟行业是否景气有很大关联，不能单看这 1 到 2 年内增长比较快，就断定这种激励方式好。

比较科学的评判方法是：考察企业的利润率是否超过了该企业所处行业的平均利润率。这样，就将行业景气程度排除在外，更能理清问题。当然，也千万不要认为只要采取了员工激励方式，该企业就一定会蒸蒸日上。因为企业拥有长期竞争优势，成为行业内的领先者不光需要好的激励方式，还需要优秀的企业领导人、好的决策和用人机制、长期正确的战略和特色的管理方式方法等。国有企业的改革需要诸多方面的配套，光靠薪酬制度改革是不够的。

3.3　本章小结

本章首先梳理了混合所有制的政策演进，从总体变迁路径上看，我国国企混合所有制改革的推进源自中国共产党对国企改革相关政策制定和引导，经历了偏国营阶段、股份制探索阶段、混合经营发展阶段、经营主体市场化阶段四个阶段。可以看出，国企改革相关政策的出台大多以破解国有企业当下存在的矛盾和问题为目的，其中与国企混合所有制改革相关政策的出台有效地激发了企业活力。

接下来分析了国企混合所有制改革发展困境，管理层持股的障碍主要集中于制度环境、社会认知、企业和管理层个人四个方面。虽然混合所有制改革中管理层持股在这四个方面都存在着不同程度的障碍，但是需要明确的是各种障碍之间并不是独立发挥负面作用的，而是互相影响的，这也是制约解决对策效果的关键所在。

同时，应理性对待国企混改员工持股问题，科学地制定相关规则，让混合所有制国有企业员工也能享受企业改革带来的好处，最终调动员工工作积极性。

第4章 混合所有制：企业实践

混合所有制改革早在 20 世纪 90 年代就已经被提出，目的是引入民资促进生产力发展。以银行、电信和民航为代表的国有企业率先进行混合所有制改革，结果表明改革后企业运营效益有了显著提升。本章主要阐述上述三类国有企业的混合所有制改革实践及其对铁路混合所有制改革的启示。

4.1 银行业混合所有制实践

银行业在我国金融体系中处于核心地位，对整个金融体系乃至国民经济的稳定与发展都起着极为重要的作用。银行业在混合所有制改革中取得了举世瞩目的成绩，但在激烈的国内外市场竞争中仍面临着巨大挑战，需要进一步深化改革。

4.1.1 银行改革的历史起点与初始阶段[50]

1．银行改革的历史起点："大一统"的金融体制

1948 年 12 月 1 日，中国人民银行正式组建成立，中华人民共和国金融体系基本形成。随着社会主义计划经济体制的确立和苏联经济管理模式的引入，"大一统"的金融局面开始形成。国家按照一切信用归国家银行的原则，将信贷计划纳入国家经济计划，实行"存贷分离、

统存统贷"的管理方法，使人民银行成为经济的"信贷中心、现金中心和结算中心"。"大一统"金融体制的主要特征为银行是政府的钱口袋、出纳，是国家管理金融的机关。在计划经济的特定环境下，"大一统"的金融体制有利于统一指挥，便于政策贯彻和全局控制。但是，高度集中的计划经济模式与社会生产力发展的要求不相适应，不能使社会主义制度的优越性得到应有的发挥，突出的一点就是金融在国民经济中发挥的作用不够充分。

2．银行改革的初始阶段（1978—1983年）

1978年，中共十一届三中全会决定实行改革开放的新决策，邓小平同志提出"要把银行作为发展经济、革新技术的杠杆，要把银行办成真正的银行"，从而开始了银行体系恢复重建工作。从1978年起，中国开始进行市场经济体制改革，中国人民银行首先从财政部分离出来。此后，中国农业银行、中国银行、中国人民建设银行相继成立。1984年，中国工商银行从中国人民银行分离出来，承担了原有中国人民银行办理的金融经营业务。至此，四大专业银行形成，但其业务严格划分，各银行也不存在商业银行的经营理念。同时，四大专业银行设立的初始目的也在于对金融资源及货币化收益的控制，以帮助财政筹集与管理资金，从而适应改革开放初期经济发展的需要。

4.1.2 银行改革的主要历史阶段

1．专业银行的企业化管理阶段（1984—1992年）

改革开放后，国家采取放权让利政策，国民收入分配格局发生了巨大的变化，开始向个人、地方、企业倾斜，"小财政、大银行"局面开始形成。随着银行贷款发放范围的扩大，银行认识到虽然自己是国有企业，但也要讲经济核算，必须实行企业化管理。此阶段的主要任务在于两个方面：一是中国人民银行开始正式行使中央银行职能，1983年9月国务院发布《关于中国人民银行专门行使中央银行职能的决定》，确立了中国人民银行作为中国中央银行的性质与地位；二是专业银行的企业化经营改革，使各专业银行真正成为具有相对独立经济利益和具有经营自主权、自负盈亏的银行企业。[51]

（1）四大专业银行的企业化改革。随着居民储蓄的增加，银行贷款范围开始突破流动资金界限，"拨改贷"在全国推行。专业银行也加强了自身的企业化改革：一是引入竞争机制，1985 年中国人民银行出台了专业银行业务可以适当交叉和"银行可以选择企业、企业可以选择银行"的政策措施，鼓励四家专业银行之间开展适度竞争；二是银行"差额包干"的信贷资金管理体制也过渡到"统一计划，划分资金，实贷实存，相互融通"的新体制。信贷计划与信贷资金分开，将过去有了计划额度就有了资金的做法改为通过组织资金实现计划。

（2）股份制商业银行与其他金融机构纷纷建立，银行竞争体系开始形成。在改革开放的推动之下，交通银行、中信实业银行、招商银行、深圳发展银行等综合性银行（股份制商业银行）纷纷建立起来，有效弥补了国有银行覆盖面的不足。同时，城市信用社、农村信用社在分支机构及业务上得到进一步扩充。1986 年年底通过的《中华人民共和国邮政法》将邮政储蓄法定为邮政企业的业务之一，从而使邮政储蓄遍布全国，形成了一个"准银行"系统。这些金融机构的设立，从外部对国有专业银行形成竞争压力，从而推动了专业银行内部的企业化改革。

2．国家专业银行向商业银行转变（1992—2002 年）

1992 年，党中央明确提出了建立社会主义市场经济体制的目标模式，但此时银行兼营商业性与政策性业务，既不利于银行的商业化经营，也不利于金融的宏观调控。1993 年 12 月，国务院做出《关于金融体制改革的决定》，明确指出：金融体制改革的目标是建立适应社会主义市场经济发展需要的以中央银行为领导、政策性金融和商业性金融相分离，以国有独资商业银行为主体、多种金融机构并存的现代金融体系。为此，证券与保险监督职能从中央银行剥离，中央银行宏观调控能力得到进一步加强。

（1）政策性业务的分离与政策性银行的设立。1994 年，三大政策性银行先后设立后，商业银行政策性业务开始剥离。1995 年颁布的《中华人民共和国商业银行法》明确规定了商业银行实行"自主经营、自担风险、自负盈亏、自求平衡"，并且以其全部法人财产独立承担民事责任。1997 年亚洲金融危机爆发后，为防范金融风险、改善银行体系资产质量，商业银行改革的一系列重大措施陆续实施：一是通过注资与剥离来化解商业银行的大量不良资产，1998 年发行 2 700 亿元特别国债为国有商业银行补充资本金，同时于 1999 年成立 4 家金融资产管理公司，对 1.4 万亿元不良贷款进行剥离；二是加强商业银行的内部管理，改革和完善国有商业银行资本金补充机制以及呆账、坏账准备金提取和核销制度，扩大贷款质量五级分类法的改革试点，全面实行资产负债比例和风险管理。

（2）股份制商业银行等其他金融机构不断发展，促进了银行体系的有效竞争。一大批区域性股份制商业银行陆续成立，推动了中国银行体系的市场化建设；1995 年城市商业银行开始试点并蓬勃发展；1996 年 8 月国务院《关于农村金融体制改革的决定》出台，农村信用合作社与中国农业银行脱钩，农村信用合作社重新走上了独立发展之路。

3．银行与国际规则逐步接轨阶段（2003 年至今）[52]

2001 年中国加入世界贸易组织，外资银行的市场准入、国民待遇、国内金融市场与国际市场的融合给中国的银行体系带来了巨大的冲击。为此，2002 年召开的全国金融工作会议决定启动国有商业银行的股份制改革，增强银行竞争力，实现与国际规则的逐步接轨。2003 年 9 月，党中央和国务院选择中国银行、中国建设银行试点进行股份制改革。这个阶段的主要任务是通过银行的股份制改革，将银行塑造为独立的市场经济主体，逐步实现与国际规则的接轨。

商业银行的股份制改革主要包括三个步骤：一是财务重组，即在国家政策的扶持下通过注资、核销、剥离、次级债发行消化历史包袱，改善财务状况，有效补充资本金；二是公司治理改革，即根据现代银行制度的要求并借鉴国际先进经验对银行的经营管理体制和内部运行机制进行改革，并积极引入战略投资者；三是在资本市场上发行上市，即通过在境内外资本市场上市来进一步改善股权结构，真正接受市场的监督和检验。

（1）财务重组。

财务重组是国有商业银行股份制改革的前提和基础，因为只有用真实资本替换信誉资本，实现国家信誉的资本化，才能破除单一国有的产权结构。

① 通过财务重组，解决资本金不足和软预算约束（产权）问题，主要使用两种财务重组方法。

第一，通过汇金公司注入外汇，充实资本金。为了在 2006 年入世过渡期届满之前把建行和中行改革成股份制商业银行，中共中央、国务院决定动用国家外汇储备和部分国家黄金储备向国有商业银行进行注资。2003 年 12 月 16 日，设立了国有独资投资控股公司——中央汇金投资有限责任公司，经营范围为接受国家授权，对国有重点金融企业进行股权投资。2003 年 12 月 30 日，中央政府通过汇金公司分别给予建行和中行 225 亿美元（折合人民币 1 862 亿元）的注资。工行于 2005 年 4 月接受汇金公司 150 亿美元注资，财政部则保留其原来在工行的资本金 1 240 亿元人民币，转让可疑类贷款和损失类资产。2008 年 10 月 29 日，汇金公司（2007 年 9 月 29 日中国投资有限责任公司成立，汇金公司整体并入作为其子公司继续运作，代表国家作为出资人长期持有国有商业银行的国有股权）向农行注入 1 300 亿元人民币等值的外汇资产。

第二，通过发行人民币次级债券补充附属资本。2004 年 7 月至 12 月，建行分 3 次共发行了 400 亿元人民币的 10 年期次级债券。经中国银行业监督管理委员会（以下简称"银监会"）批准，上述次级债券可以计入该行的附属资本。中行于 2004 年和 2005 年发行了总额为 600 亿元人民币的一系列次级债券。2005 年 8 月 19 日，经人民银行和银监会批准，工行在银行间债券市场公开招标发行了总额为 350 亿元人民币的 2005 年首期次级债券，用以补充资本金。这些措施提高了四大银行的资本充足率，中行、建行至 2004 年成立股份公司时，资本充足率分别达到 10.04% 和 11.32%，工行到 2005 年年底的资本充足率和核心资本充足率分别达到 9.89% 和 8.11%[①]，均超过了《巴塞尔新资本协议》对商业银行的要求。

② 解决不良资产比例高的问题，主要是通过核销和剥离不良资产的方式。[53]建行和中行这两家试点银行首先用资本金、准备金和当年的利润等核销了全部损失类贷款和非信贷资产损失（4 070 亿元），然后将全部可疑类贷款（2 787 亿元）剥离给金融资产管理公司[54]，2004年又相继剥离了 2 800 亿元不良资产。工行还通过转让损失类资产和可疑类贷款的方式剥离不良资产。工行先是在 2005 年 5 月 27 日向中国华融资产管理公司（简称"华融"）出售损失类信贷资产及非信贷资产共计人民币 2 460 亿元，后又在 6 月 27 日与四大资产管理公司签署协议，转让了可疑类贷款共计人民币 4 590.02 亿元。截至 2005 年年底，新中行、新建行和新工行的不良贷款率分别降至 4.62%、3.84% 和 4.69%，拨备覆盖率分别为 80.55%、66.78% 和 54.20%。2008 年 11月 21 日，经财政部批准，农行以 2007 年 12 月 31 日为基准口，按账面值剥离处置不良资产 8 156.95 亿元人民币。

在财务重组后，中国银行于 2004 年 8 月 26 日整体改组为中国银行股份有限公司。中国建设银行于 2004 年 9 月 17 日分立重组为中国建银投资有限责任公司和中国建设银行股份有限公司。2005 年4 月 28 日，经国务院批准，工行以现代产权制度和公司治理制度建设为核心的股份制改革正式启动。通过外汇、财政注资和发行次级债券，工行圆满完成财务重组，解决了历史上形成的不良资产问题。10 月 28 日，中国工商银行整体改组为中国工商银行股份有限公司。2009 年 1 月 16 日，中国农业银行股份有限公司成立，标志着我国工、农、中、建四大国有商业银行全部完成股份制改革，由国有独资商业银行转变为国家控股的股份制商业银行，简称"国有控股商业银行"。

---

① 中国银行 2005 年年度报告，第 3 页；中国建设银行 2005 年年度报告，第 4 页；中国工商银行 2006 年度报告（A 股），第 6 页。

（2）公司治理改革。

公司治理改革是国有商业银行股份制改革的核心和关键。为加强国有商业银行公司治理改革，确保股份制改革真正取得实效，银监会于 2006 年 4 月 18 日颁布了《国有商业银行公司治理及相关监管指引》（以下简称"《监管指引》"）。其中规定，"国有商业银行应根据《中华人民共和国公司法》等法律法规的规定，设立股东大会、董事会、监事会和高级管理层，制定体现现代金融企业制度要求的银行章程，明确股东大会、董事会、监事会与高级管理层，以及董事、监事、高级管理人员的职责权限，实现权、责、利的有机结合，建立科学高效的决策、执行和监督机制，确保各方独立运作、有效制衡"。

公司治理改革的前提是解决软预算约束（产权）问题，而产权多元化是解决软预算约束问题的前提，引进战略投资者又是实现产权多元化的有效途径。因此，这次股份制改革的一个显著特点就是对国有银行产权制度进行改革，引入机构投资者、战略投资者及社会公众投资者，打破国有独资单一产权结构，真正把国有商业银行变成现代商业银行。国有商业银行引进战略投资者后，在投资主体和利益主体多元化的情况下，国家财政不可能再为商业银行的经营亏损"买单"，这不仅从体制上消除了商业银行指望国家救助的道德风险，而且在法理上排除了国家再度"输血"的可能，同时也为上市奠定了坚实的基础。

2003 年 12 月，银监会颁布的《境外金融机构投资入股中资金融机构管理办法》将单个境外金融机构向中资金融机构投资入股的最高比例由 15% 提高到了 20%。[55] 中行、建行、工行先后于 2005 年 8 月中下旬、2005 年 6 月中旬和 7 月初、2006 年 1 月 27 日与境外战略投资者签署了战略投资与合作协议（见表 4-1）。战略合作项目主要涉及公司治理、风险管理、资产管理、不良贷款管理、资金业务、公司与投行业务、员工培训七大领域。

表 4-1   工商银行、中国银行、建设银行引进战略投资者一览

银　行	战略投资者	出资金额/亿美元	市净率	上市前持股比例
工商银行	高盛集团	25.82	1.22	5.75%
	美国安联保险集团	8.25		2.25%
	美国运通公司	2		0.45%
中国银行	苏格兰皇家银行集团	30.48	1.18	8.47%
	新加坡淡马锡控股有限公司	15.24		4.77%
	瑞士银行集团	4.92		1.37%
	亚洲开发银行	0.74		0.21%
建设银行	美国银行	25	1.15	9.00%
	新加坡淡马锡控股有限公司	14.66	1.19	5.10%

资料来源：根据中国工商银行、中国银行、中国建设银行 A 股招股书相关内容整理。

（3）公开上市。

财务重组和引进战略投资者为国有商业银行最终实现上市奠定了基础，公开上市则是巩固改革成果和增进市场约束的重要手段，是国有商业银行股份制改革的深化和升华。在境内外资本市场上市，一是扩大了国有控股商业银行的融资渠道，进一步改善了其股权结构；二是增加了国有控股商业银行的核心资本，提高了资本充足率；三是国有股权占控股地位维持了国有商业银行的国有性质，在广纳社会资本的基础上扩大了国有资本的控制范围，降低了国有资本的风险，最大限度地提高了国有资本的营运效率；四是上市后的市场约束和外部监督，以及银行业和证券业的双重规制，促使上市银行增加透明度，按照市场化效益运作，促进政企分开，改善公司治理。

2005 年，建行实现股票首次境外公开发行，并于同年 10 月 27 日在香港联交所主板上市，成为四大国有商业银行中首家挂牌香港的银行。2007 年 9 月 25 日，建行 A 股在上海证券交易所挂牌上市。这标志着继 2003 年开始全面重组、2004 年完成股份制改革和 2005 年引进战略投资者以后，建行正在转型成为国际性的现代商业银行。中行的

股票上市启用"A+H计划"，是首家 A+H 股发行上市的国有商业银行，其 H 股于 2006 年 6 月 1 日在香港联交所挂牌交易，A 股于同年 7 月 5 日在上海证券交易所上市交易。2006 年 10 月 27 日，已形成多元化股权结构的工行 A 股和 H 股同时同步挂牌上海证券交易所和香港联交所，成为在内地和香港资本市场同时上市的第一家金融企业。2010 年 4 月，中国农业银行启动 IPO，同年 7 月 15 日、16 日中国农业银行 A+H 股分别在上海、香港挂牌上市，实现全球最大规模 IPO。至此，已完成股份制改革的四家大型商业银行全部实现了香港和上海两地上市，完成了从国有独资商业银行到股份制商业银行再到国际公众持股公司的历史跨越。

4.1.3 银行混合所有制改革的初步成效[56]

国有商业银行产权与治理结构改革的成效主要表现在两方面：在产权结构方面，以国有股为主体，多种非国有股共同发展的产权结构基本确立；在治理结构方面，三会一层的现代商业银行治理结构初步建立。

1. 以国有股为主体，多种非国有股共同发展产权结构基本确立

截止到 2010 年 7 月 16 日，四大国有商业银行都实现了公开上市，产权主体由一元化转变为多元化，国有股权比例有所降低，国家依然是最大股东并拥有绝对控股权。在境内外资本市场公开上市，既巩固了国有商业银行股份制改革的成果，也强化了外部市场对国有商业银行的约束，因而是国有商业银行产权改革的进一步深化。四大国有商业银行通过引进战略投资者和公开上市，实现了持股者身份多元化，国有股权比重和股权集中度虽有所降低，但成功构造了国家绝对控股、股权集中度较高的产权结构，这种产权结构适合我国初级阶段的基本国情，有利于防范和化解金融风险，进而维护国家金融安全和经济安全，实现社会经济的稳定发展。

具体而言，四大国有商业银行产权结构改革的成效主要体现在以下两点：① 在股权结构维度方面，四大国有商业银行公开上市后，持股者身份构成已经多元化，股权结构表现为"国有股+内资股+外资股"。就股权结构实质而言，四大国有商业银行已经从过去的国有全资公司转变成了国有绝对控股公司。② 在股权集中度方面，从股东性质上划分，截止到 2016 年 6 月 30 日，中国工商银行、中国银行、中国农业银行以及中国建设银行（截至 2013 年年底）的第一大股东均为国家，持股比例分别达到了 69.31%，64.02%，82.26%，57.26%，属于股权高度集中型产权结构，如表 4-2 ~ 表 4-5所示。

表 4-2　中国工商银行股权结构（截至 2016 年 6 月 30 日）

股东名称	股份类别	股权属性	占总股本比例
中央汇金投资有限责任公司	A 股	国家	34.71%
财政部	A 股	国家	34.60%
H 股股东	H 股	社会资本	24.35%
A、H 股股东合计	A、H 股		100.00%

表 4-3　中国银行股权结构（截至 2016 年 6 月 30 日）

股东名称	股份类别	股权属性	占总股本比例
中央汇金投资有限公司	A 股	国家	64.02%
香港中央结算（代理人）有限公司	H 股	境外法人	27.79%
中国证券金融股份有限公司	A 股	国有法人	2.53%
中央汇金资产管理有限责任公司	A 股	国有法人	0.61%
梧桐树投资平台有限责任公司	A 股	国有法人	0.36%

注：① 只列举截至 2016 年 9 月 30 日的前 5 大股东。② 香港中央结算（代理人）有限公司是以代理人身份，代表截至 2016 年 9 月 30 日，在该公司开户登记的所有机构和个人投资者持有本行 H 股股份合计数，其中包括全国社会保障基金理事会所持股份。③ 中央汇金资产管理有限责任公司是中央汇金投资有限责任公司的全资子公司。

表 4-4 中国农业银行股权结构（截至 2016 年 6 月 30 日）

股东名称	股份类别	股权属性	占总股本比例
中央汇金投资有限公司	A 股	国家	40.03%
财政部	A 股	国家	39.21%
香港中央结算（代理人）有限公司	H 股	境外法人	9.02%
中国社会保障基金理事会	A 股	国家	3.02%
中国证券金融股份有限公司	A 股	国有法人	1.92%

注：① 只列举截至 2016 年 6 月 30 日的前 5 大股东。

表 4-5 中国建设银行（2013 年年报）

股东名称	股份类别	股权属性	占总股本比例
中央汇金投资有限责任公司	H 股	国家	57.03%
	A 股	国家	0.23%
香港中央结算（代理人）有限公司	H 股	境外法人	29.04%
淡马锡	H 股	境外法人	7.15%
国家电网	H 股	国有法人	1.14%
宝钢集团	H 股	国有法人	0.80%
	A 股	国有法人	0.13%

资料来源：中国建设银行 2013 年年度报告（A 股）。

2．三会一层的现代商业银行治理结构初步建立

在公司治理结构方面，四大国有商业银行根据国家关于股份制改革的战略部署，在立足于自身实际、充分借鉴吸收国际先进银行成功经验的基础上，按照相关政策法规要求建立了三会一层（即股东大会、董事会、监事会以及高级管理层）的现代公司治理结构。构建现代公司治理结构的目标有两方面：① 实现国有商业银行科学的决策、有效的监督以及有力的执行。② 公开上市后，在外部市场的监督和竞争压力下，国有商业银行将增加信息披露的透明度，努力提高银行绩效，从而在客观上起到改善公司治理的效果。

4.1.4　国有商业银行改革遗留和产生的问题

国有商业银行产权与治理结构改革遗留和产生的问题主要包括国有股所有者代表缺位问题、引进非国有资本与金融安全问题、战略投资者蜕变为财务投资者问题、内部人控制问题以及高管薪酬问题。

（1）国有股所有者代表缺位问题。

迄今为止，国有商业银行产权结构改革并没有真正解决产权主体虚置问题，这就使得代为行使所有权的部门和机构缺乏追求国有资产保值、增值的压力和动力。在分析所有者代表缺位问题时，将不可避免地涉及汇金公司。2003 年 12 月，国务院批准设立了中央汇金投资有限责任公司，其主要职能是代表国家行使出资人权利和义务，并通过落实相关改革措施，完善重点金融企业的公司治理结构，以达到维护国有资产保值增值的目标。

但是，汇金公司成立以来，由于种种原因，其使命、职能和作用并没有真正发挥出来。究其原因，主要在于其定位不清晰：一是规定其有政策职能，作为准政府机构行使行政职权；二是规定其没有行政级别，是按公司化运作的国有独资投资控股公司。这两方面的定位存在矛盾之处：若作为准政府机构行使职权，则与公司化运作的原则不符；若作为公司化运营实体，则尚未从出资者载体转变为所有权与控制权相统一的载体。当前，汇金公司既要履行自身职能，也要兼顾现有权力分配格局（就汇金控股参股的四大国有商业银行来看，其监管格局为多部门分块监管：中国人民银行负责监管金融稳定，财政部负责监管财务。银行会负责资本与行政监管，而汇金公司只负责股东监管）。基于以上分析，汇金公司虽然在国有股产权主体人格化方面迈出了重要一步，但并未真正解决国有商业银行所有者代表缺位问题。

（2）引进非国有股所产生的两大问题。

引进非国有股的过程中主要存在两大问题，即金融安全问题和战略投资者蜕变为财务投资者问题。

国有商业银行作为我国金融体系的主导，对我国金融安全有至关重要的影响力。国有商业银行引进非国有股后，对金融安全产生了以下三方面的负面效应。

① 降低国有股的控制力和影响力。非国有资本入股国有商业银行将直接改变其产权结构，进而降低国有股的话语权和控制力。非国有股的目的是获取利润，追求的是自身利益最大化，而国有股的目标是社会整体利益最大化，这将引起二者经营目标上的冲突。以国外战略投资者为例，实力较强的战略投资者希望借参股国有商业银行之机，力争最大限度影响和控制国有商业银行的经营行为，以帮其实现开拓中国市场并获取一定市场份额的战略目标，这势必会冲击国有股的影响力和控制力。

② 削弱央行的货币政策效果。货币政策是国家宏观调控的重要组成部分，而国有商业银行是传导货币政策效应的主要渠道。非国有股参股国有商业银行虽然可以抑制国家对银行的行政干预，但却弱化了货币政策的宏观调控效应。如当国家实施适度从紧的宏观调控政策时，会减少货币供应量；而入股的外资银行拥有独立的资金循环体系，为追逐高额利润，它们很可能会从母行筹集资金，继续投向国家调控的行业，这会直接削弱央行的货币政策效果。

③ 挑战银行业监管能力。我国金融业当前实行的分业监管模式、监管体系还不完善。国有商业银行引进非国有股以后，势必增加金融监管难度，对银行业监管能力形成挑战，这主要体现在引进非国有股尤其是外资股后，其经营产品、理念和模式将引起国内银行业的金融创新浪潮，而金融产品创新会增加金融体系的潜在风险，这将对银行业监管能力提出更高的要求。

在股票禁售期满后，国有商业银行引进的战略投资者纷纷抛售所持股票，大部分迅速蜕变为财务投资者。如表 4-6 所示，2008 年 12 月 31 日，瑞士银行开始大量出售其所持有的中行 H 股股份，总计 34 亿股，共套现 62.6 亿港元，这标志着战略投资者减持风暴的开始。随后，美国银行、李嘉诚基金有限公司、苏格兰皇家银行、德国安联、美国运通、高盛集团都纷纷大量减持、抛售所持银行股份，获利颇丰。其中，苏格兰皇家银行更是在短短一刻钟内抛售了全部中行 H 股，共计 108 亿股，约占中行总股本的 4.26%，从而将战略投资者减持国有商业银行股权推向高潮。在境外投资者减持高潮中，苏格兰皇家银行和瑞士银行一次性出售了所有中行股权，它们与国有商业银行的合作基础也随之消失。境外投资者这种恐慌性的抛售行为引起了二级市场的强烈震动，中行、工行、建行的股价都出现大幅下跌，严重影响中国股市的稳定与安全。

表 4-6　部分战略投资者减持国有商业银行股权情况一览

银行名称	持股日期	每股成本/港元	持股数量/亿股	减持日期	减持价格/港元	减持数量/亿股	减持直接获利估计/亿港元
美国银行	2005.10	1	191.33	2009.1.7	3.92	56.2	596.329
	2008.5	2.42	60	2009.5.12	4.2	135.09	
	2008.11	2.8	195.8				
苏格兰皇家银行	2005.8	1.18	108	2009.1.13	1.71	108	57.24
瑞士银行	2005.8	1.18	33.8	2008.12.31	1.93	33.8	25.35
李嘉诚基金有限公司	2005.8	1.13	51	2008.1.8	1.98	20	17
德国安联	2006.1	1.21	64.32	2009.4.28	3.86	32.16	85.224
美国运通	2006.1	1.21	12.76	2009.4.28	3.86	6.38	16.907
高盛集团	2006.1	1.21	164.77	2009.6.1	4.88	30.3	111.201

转引自：项卫星，李裙.境外战略投资者减持中国国有控股商业银行股权的原因、影响与对策[J]. 经济评论，2010（1）.

（3）内部人控制问题。

委托代理链条过长、过于复杂会导致内部人控制问题。国有商业银行虽然完成了股改上市，但其委托代理关系链条过于复杂的问题并未解决。当前，国有商业银行外部和内部依然存在着复杂的委托代理关系。

① 全体公民与政府间的委托代理关系。全体公民是国有商业银行委托代理关系的初始委托人，他们作为一个整体委托国家管理国有商业银行中的国有资产。然而，在实际分析国有商业银行委托代理关系时，无论是全体公民作为一个整体还是单独的公民个人，都不具备谈

判和签约的行为能力。因此，全体公民与政府间的委托代理关系只有理论上的探讨价值，难以真正形成并发挥作用。

② 政府与国有商业银行间的委托代理关系。在这种委托代理关系中，政府既充当了委托方，也充当了最终决策者的角色，从而形成了以行政授权为显著特征的委托代理关系，其主要表现为：政府将国有资本委托给国有商业银行经营管理，并通过国家信用做担保来开展储蓄业务；国家控制着国有商业银行的人事任免权和重大经营决策权；督促国有商业银行以实现国家整体利益最大化为行为准则等。

③ 全体股东、董事会、经营管理层与银行职工之间的委托代理关系。全体股东作为出资人选举董事会成员，董事会依法行使经营决策权，这样就形成了全体股东（委托方）和董事会（代理方）之间的委托代理关系；董事会通过选聘经营管理层来负责银行日常经营管理活动，这样就形成了董事会（委托方）和经营管理层（代理方）之间的委托代理关系；经营管理层将日常的经营活动分派给各部门员工，从而形成了高级管理层（委托方）和银行员工（代理方）之间的委托代理关系。在这三组委托代理关系中，董事会和经营管理层充当了委托人和代理人的双重角色。

④ 国有商业银行总行和分支机构之间的委托代理关系。当前，国有商业银行总行以本行资产和信誉做担保，委托分行开展经营活动，而分行又进一步委托下级支行开展经营活动，从而形成了总行（委托方）和银行员工（代理方）之间的委托代理关系。从以上的分析可以看出，国有商业银行内部存在着多级委托代理关系，并且存在多种既是委托人又是代理人的情况。由于国有商业银行委托代理链条过长、过于复杂，已经超出了初始委托人的控制能力和范围，因而容易产生权责不匹配、信息不对称以及利益相互冲突等问题，这也使得代理人更多关注自身利益的最大化和行政级别的上升，而忽视国有商业银行经营绩效以及长远发展。

（4）高管薪酬问题。

高管薪酬主要存在以下四方面的问题。

① 国有商业银行高管薪酬水平过高。国有商业银行高管薪酬水平过高主要表现在三方面：一是银行高管与内部员工的薪酬水平差距过

大。如 2013 年工行行长、农行行长、中行行长、建行行长税前合计总薪酬分别为 103.3 万元、105.91 万元、107.18 万元、110.9 万元，约为其所在银行普通员工薪酬的 18.61 倍、11.14 倍、11.23 倍、11.99 倍。二是银行高管薪酬与金融业就业人员平均薪酬水平差距过大。如 2013 年四大国有商业银行行长税前合计平均薪酬为 106.82 万元，而同期金融业就业人员平均薪酬为 9.9659 万元，前者是后者的 10.72 倍。三是银行高管与其他行业就业人员平均薪酬水平差距过大。如 2013 年全国平均薪酬水平最低的行业为农、林、牧、渔，其平均薪酬仅为 2.582 万元，约为四大国有商业银行行长税前合计平均薪酬的 2.42%。[①]

② 高管自定薪酬问题突出。银行高管过多地参与国有商业银行高管薪酬确定过程：一方面，他们为自身确定了较高的薪酬标准；另一方面，他们设计了有利于自身的绩效考核指标体系。上述做法降低了高管薪酬与银行绩效的相关系数，导致国有商业银行薪酬机制丧失了原有的激励意义和作用。

③ 高管薪酬结构不合理。当前，国有商业银行高管薪酬与银行绩效关联度较低，二者呈现出脱钩的现象。在长期激励手段缺失的情况下，银行高管以当期报酬和固定报酬为主，这导致了一系列问题：如银行高管更多的关注货币性收入增长、以职务消费等方式将收入隐性化、注重眼前利益而忽视银行长远利益。

④ 高管绩效考核体系不完善。当前，国有商业银行绩效评价体系更多的是关注微观层次的财务指标，这既不能准确地反映国有商业银行的综合绩效水平，也容易引起高管的短期行为（银行高管为了获取更多薪酬，盲目追求微观绩效指标，影响银行长远发展）。实践充分证明，单纯以微观性财务指标作为高管绩效考核依据是不完善的，应该尽快建立国有商业银行综合绩效考核体系。

4.2　电信业混合所有制实践

我国电信企业产权制度的改革是政府主导的强制性制度变迁。政

---

① 数据来源：2013 年四大国有商业银行年度报告（A 股）、2013 年统计年鉴。

府的成本收益的变化是政府推动产权制度改革的动力，而政府的成本收益变化则归因于电信技术的进步、经济的发展以及政府所面对的外部环境的变化。中华人民共和国成立以来，我国电信企业产权制度变化经历了如下三个阶段。

4.2.1　政企合一的国家垄断经营阶段[57]

电信企业的产权制度安排一直与人们对电信业经济特点的认识和经济理论的发展相关联。中华人民共和国成立后，由于我国实行计划经济体制，电信业作为涉及国家安全的基础设施产业，一开始就实行国家垄断经营。国有电信企业的产权归属国家，国家是电信企业唯一的产权主体。在政府和电信企业的关系上，由邮电部领导和经营电信企业，实行政企合一的经营模式。

1949 年 11 月 1 日，中华人民共和国邮电部正式成立。根据当时的邮电发展现实和中国 70 余年邮政和电信分营的历史，邮电部采取了"统一领导，分别经营，垂直系统"的管理体制，即电信和邮政两大行业由邮电部统一领导，电信总局和邮政总局分别管理和经营电信业和邮政业，两个总局各垂直领导和管理下属企业。各大行政区设邮电管理局，区内分设电信总局和邮政总局。1950 年 9 月，邮电部结束了原来电信、邮政分别经营的管理体制，完成了"邮电合一"的结构性调整。电信总局按照不同的专业性质被分为长途电话局、无线电总局、市内电话总局，与原有的邮政总局一起，构成了邮电部下属的四个专业职能局。

由于实行政企合一的经营模式，邮电部兼具政府部门与企业的特点。从产权上考察，具有以下特点：① 电信企业内部存在的是公有产权的"代理人"，而无可以追溯的最后委托人。② 产权具有不可分割性。③ 生产资料产权和人力资本产权的配置服从行政命令。④ 投资、收益、剩余归国家所有。

作为政府的部门，邮电部严格执行中央政府的计划指令。由于中央政府对电信投资的不足和对价格的严格管制，邮电企业长期亏损，在从 1970 年到 1979 年改革开放前 10 年中，除 1973 年略有盈余外（0.23

亿元），邮电企业全行业亏损。到 1978 年，全国邮电业务总计 11.65 亿元，占国内生产总值的比例仅为 0.325%。[①]

4.2.2　政府放松管制阶段

鉴于电信企业发展滞后对我国经济发展的制约，我国政府对电信企业实行了一系列的改革，邮电部获得了更多经营自主权。国务院于 1979 年允许邮电部对市内电话新装用户适当收取初装费，用于市内电话建设，并对收取初装费的标准和办法等做了明确规定。从 1980 年起，邮电部允许市话企业收取初装费和各种附加费，允许地方政府参与电信投资。1981 年年初，由邮电部提出并经国务院批准，开始施行 "以话养话" 的政策，电信企业获得更大的经营自主权，整个电信业从亏损行业转为盈利行业，与此同时也激发了部门利益的冲突。经过了邮电部与 "三部"（电子部、电力部和铁道部）几个回合的 "较量"，中央政府在 1993 正式同意批准由电子部、电力部和铁道部共同组建中国联合通信有限公司。

1994 年 7 月 19 日，中国联合通信有限公司正式成立。中国联合通信有限公司的成立被认为是打破 "老中国电信" 垄断地位的开端，我国电信企业间越来越激烈的竞争正是由此拉开的序幕。尽管政府对电信产业放松规制，但是由于没有对产权制度进行相应的改革，放松管制尽管促进了投资，在邮电部获得更多经营自主权的同时却带来了邮电部的独家垄断，电信服务价格很高，最终受损的不仅是用户，运营商也因为高价格抑制了潜在需求的释放，达不到规模经济水平。尽管 1994 年引入了中国联通，竞争局面形成，但是由于联通公司和 "老中国电信" 均属于国有电信公司，其产权制度的特点决定了它们不能形成有效的竞争。同时，邮电部既是行业的监管机构，也是 "老中国电信" 的直接经营者，其特殊地位决定了它依靠其行业监管的职能限制竞争。改革初期我国电信企业国有产权的垄断地位依然没有打破，政企不分的问题也没有解决。

---

① 国家统计局工业交通司：《中国运输邮电事业资料统计》，中国统计出版社 1983 年版。

4.2.3　信息产业部的建立和电信企业的股份制改革

1998 年 3 月，第九届全国人民代表大会批准国务院机构改革方案，在撤销邮电部和电子部的基础上组建了信息产业部，并将原广电部、航天工业总公司、航空工业总公司的信息和网络管理的政府职能一同并入信息产业部，撤销非常设机构国务院信息化工作领导小组，将其并入信息产业部，同时也将国家无线电管理委员会并入信息产业部。至此，信息产业部成为我国电信业的主管机构。

1999 年 2 月，信息产业部对原中国电信进行拆分重组：将原中国电信的寻呼、卫星通信和移动通信业务剥离出去，原中国电信被拆分成新的中国电信、中国移动和中国卫星通信三个公司，而寻呼业务则被整体并入联通；同时政府允许三家相对较小的电信企业即网通公司、吉通公司和铁通公司进入电信市场。

2001 年 12 月，国务院批准了国家计委和国务院体改办设计的电信业再次拆分方案，即对现有电信业再次进行拆分重组，建立新的中国电信和中国网通。具体而言，1999 年成立的中国电信现有资源划分为南、北两个部分，华北地区、东北地区和河南、山东共 10 省（自治区、直辖市）的电信公司归属中国电信北方部分；其余归属中国电信南方部分。北方部分和原中国网通、原中国吉通重组为中国网络通信集团公司（北方电信）；南方部分保留"中国电信集团公司"名称，继续拥有中国电信的商誉和无形资产（南方电信）。重组后的两大集团公司仍拥有中国电信已有的业务经营范围，允许两大集团公司各自在对方区域内建设本地电话网和经营本地固定电话等业务，双方相互提供平等接入等互惠服务。南北两部分按光纤数和信道容量分别拥有前中国电信全国干线传输网 70% 和 30% 的产权，以及所属辖区内的全部本地电话网。这次重组后，形成中国移动、中国电信（南方电信）、中国网通（北方电信）、中国联通、中国卫通、中国铁通 6 家公司。

2004 年年初，国务院正式决定，中国铁通由铁道部移交国务院国有资产监督管理委员会（国资委）管理，并更名为中国铁通集团有限公司，作为国有独资基础电信运营企业独立运作。

2008 年，新一轮电信重组方案出台，六大基础电信运营商重组为三家全业务经营的电信企业，即中国移动（并入了铁通）、中国电信（并入了原联通的 C 网及部分人员）和中国联通（将 G 网及部分人员与中国网通合并）。

2009 年 4 月，中国卫星通信集团公司重组基础电信业务正式并入中国电信，卫星通信业务并入中国航天科技集团公司，成为中国航天科技集团公司从事卫星运行服务业的核心专业子公司。

4.2.4　中国铁塔股份有限公司的建立

党的十八届三中全会指出，积极发展混合所有制经济，根据不同行业特点实行网运分开，放开竞争性业务，推进公共资源配置市场化。贯彻十八届三中全会精神，虚拟运营商和电信产业"网业分离"是十八届三中全会后电信产业继续深化市场化改革两大亮点。

2014 年 7 月 18 日，中国通信设施服务股份有限公司（简称铁塔公司，根据存量和铁塔数量，其股权为中国移动 40%、中国联通 30.1%、中国电信 29.9%）的成立标志着我国电信产业正式实施"网业分离"模式。铁塔公司的建设将引入民间资本，使国有资本和非公有资本相互交叉、相互融合，实现铁塔公司上市，逐步建立和完善现代企业制度。2014 年 9 月 11 日，铁塔公司进行了工商变更登记手续，正式更名为中国铁塔股份有限公司（简称中国铁塔）。

2014 年 11 月 26 日，国务院发布《国务院关于创新重点领域投融资机制鼓励社会投资的指导意见》，指出：鼓励电信业进一步向民间资本开放，吸引民间资本加大信息基础设施投资力度；推动中国铁塔引入民间资本，实现混合所有制发展。

2015 年 12 月，国资委、财政部、发展改革委联合印发《关于国有企业功能界定与分类的指导意见》，指出：根据主营业务和核心业务范围，将国有企业界定为商业类和公益类。电信产业中的"网"（通信基础设施）处于重要行业和关键领域的商业类，应实行国有独资或控股，允许符合条件的非国有企业依法通过特许经营、政府购买服务等方式参与建设和运营；电信产业中的"业"（数据业务运营）处于充分竞争行业和领域的商业类，应按照市场化和国际化要求，积极引入民营资本、其他国有资本等实现股权多元化。

目前，中国铁塔为全球最大的通信类铁塔基础设施服务提供商。以铁塔数量计算，占市场份额的 96.3%。2018 年 8 月 8 日，中国铁塔股份有限公司正式登陆香港资本市场，在港交所主板挂牌交易。至此，中国铁塔完成了"三步走"战略的最后一步——公开上市。

4.2.5　中国电信产权改革中产生的问题

由于国有产权在各电信企业的绝对控制地位，企业的市场行为受到同一利益主体即国家的影响。电信企业国有产权的绝对控股和完全控股导致如下缺陷：

1. 国有产权的高度集中导致电信企业的"投资主体缺位"

一般认为，股权集中有利于股份制公司的所有者对经营者的监督管理，这是因为，大股东出于自身的利益，对管理层的监管符合自身的利益，能够解决股权分散的股东间"搭便车"的问题。然而由于国有产权的终极所有者是全民，作为产权所有者的个人没有动机也没有可能有机会对企业的经营者进行监督，行使所有者监督、任免的权力，所以，国有股权的所有权由政府机构通过其代理人代理行使所有者的权能。由于代理者不具有对国有产权的剩余索取权，从而弱化了其监督的动机。而且，代表国有股东的国家（政府）并不是追求经济利益最大化的"经济人"，而对剩余索取权的追求是作为"经济人"的股东对经营者进行监督的原动力，是保障公司治理效率的前提条件。此外，由于国家本身是一个抽象的概念，不具有行使其股权的能力，必须委托代理人来行使其股东权力，由此在公司治理上形成了多层次的委托代理关系，而各级委托人的监督效率会随着委托代理链的加长而大幅度递减。

2. 国有股份的高度集中导致电信企业的"内部人控制"

内部人是指公司内部具有一定权力的管理人员。在我国，国资委作为政府的代理机构行使电信企业国有资产的所有者的监督职能，但是作为政府部门，其不享有对电信企业的剩余索取权，监督者往往出于自身利益的考虑，易于与公司的既得利益者形成联盟，从而损害企业和国家的利益。实际上，由于电信企业的国有产权的高度集中，且由于国资委不能够作为国有产权的合格代表而导致"所有者缺位"。所以，电信企业的管理者实际控制电信企业，电信企业的管理者可以凭借其垄断地位获取高额垄断利润，以及企业内部人员的高工资、高福利。据调查，目前，电力、电信、金融、保险、水电气供应、烟草、石油石化等行业职工的平均工资是其他行业职工平均工资的 2 ~ 3 倍，如果再加上工资外收入和职工福利待遇上的差异，实际收入差距可能为 5 ~ 10 倍。①

3．国有股份的高度集中导致电信企业公司治理结构的不完善

股权结构是形成公司治理结构的基础，股权结构决定公司所有者之间的关系和所有者对管理者的监督。国外经验表明，股权结构与公司治理的有效性呈现倒 U 形关系，股权过于集中或者过于分散都不利于公司治理的效率，国有产权的控制地位使得政府有可能利用其绝对优势控制企业的人员任命，弱化了中小股东的监督控制作用。在我国电信企业中，由于国有股比例较高，其股权的行使者（政府）通常可以比较便利地任命董事长或总经理，其他股东即使持有异议，也难以获得足够数量的代理投票权来更换公司的高层管理人员。

4.3　民航业混合所有制实践

中华人民共和国民航运输业诞生于 1949 年，经过 70 多年的发展，特别是改革开放以来的 40 多年，我国民航运输业取得了飞跃性发展，产业面貌发生了翻天覆地的变化。截至 2009 年 11 月底，全民航旅客运输量达到 2.114 8 亿人次，成功突破两亿大关，民航全行业完成运输总周转量 386.5 亿吨公里，货邮运输量 398.3 万吨，全行业整体赢

---

① 魏军：《从行业收入差距看"反垄断"》，《当代经济》，2007 年第 5 期，第 78 页。

利达到 118 亿元。中国民航产业已经从计划经济时代政府控制的较边缘化的运输部门之一成长为规模庞大、效益良好的重要国民经济产业部门之一。民航运输业取得的骄人发展成就一方面是国民经济发展、产业发展的内生驱动，另一方面也极大受益于国家政府对产业体制大力改革的外部推动和促进。回顾中国民航运输业的发展改革历程，大致经历了五个阶段。

4.3.1　计划经济时代的军事化管理[58]

从 1949 年中华人民共和国成立到改革开放前，这期间整个中国的国民经济都是纯粹的计划经济体制。在这种经济体制下，不存在企业的市场行为，从中央到地方的各级政府承担了所有经营活动的组织、管理、决策等职能。从政府的组织设置来看，这一阶段的政府是按计划经济体制要求而设立的高度集中、全能型的大政府模式。从政府对经济活动的管制来看，政府直接控制经济活动的每一个环节，属于绝对行政垄断体制，在这种体制下，政企合一也成为当时国民经济的主流形式。而民航运输业由于涉及国家主权、国防安全等因素，更是严格由中央政府垄断和控制，实施军事化管理。在这期间，虽然民航运输业的具体领导部门有过几次调整，但由中央政府严格管制的军事化管理体制基本没有变化。

1949 年 11 月 2 日，中共中央政治局会议决定，在人民革命军事委员会下设民用航空局，受空军指导。1958 年 2 月 27 日国务院通知，中国民用航空局自本日起划归交通部领导。1958 年 3 月 19 日国务院通知,全国人大常委会第 96 次会议批准国务院将中国民用航空局改为交通部的部属局。1960 年 11 月 17 日，经国务院编制委员会讨论通过，决定将中国民用航空局改成"交通部民用航空总局"，为管理全国民用航空事业的综合性总局，负责经营管理运输航空和专业航空，直接领导地区民用航空管理局的工作。1962 年 4 月 13 日，第二届全国人民代表大会常务委员会第五十三次会议决定，民航局改为"中国民用航空总局"。1962 年 4 月 15 日，中央决定将民用航空总局由交通部属改为国务院直属，其业务工作、党政工作、干部人事工作等均直归空军负责管理。

在这一期间，民航时而划归交通部管理，时而受国务院直接领导，但始终处于中央政府的严格控制之下。而从"文化大革命"到改革开放之前，民航运输业基本都处在空军的领导或代管下，这使得民航运输业的军事化色彩更加浓厚。

在这种体制下，民航总局一直是政企合一的身份，既是航空运输业的政府管理机构，又是垄断经营航空运输的全国性企业。由于经济体制的低效率和政府执行的低票价政策，民航长期处于亏损状态，由国家进行政策性补贴。1953年至1978年间，亏损和国家补贴的有14年。其中1968年至1974年，加上政策性补贴后，仍连续7年共亏损1.3亿余元。而政府对产业的严格管制，不但控制了票价、航线、航班等企业经营活动，更延伸到对旅客资格（需求）的管制，这超出大多数国家的管制范畴。这种特殊的管制使得乘坐民航成为少数人的一种特权，民航运输业的需求被压缩到极小，成为一种边缘化的交通运输方式。

4.3.2 民航运输业的企业化改革初期阶段

作为国民经济的有机组成部分，民航运输业在1980年也按照经济体制改革的要求启动了体制改革。1978年、1980年，邓小平先后指出民航要用经济观点管理、民航要企业化。1980年2月，中央决定将民航由空军代管改为国务院领导。同年8月4日，《人民日报》发表《民航要走企业化道路》的社论，标志着民航企业化改革正式启动。1980年至1987年这一阶段是民航运输业企业化改革的初期阶段，这期间经历了一个重要的民航运输业去军事化过程。

针对民航运输业原来浓重的军事化色彩和严格的军事化管理体制，国家实施了改变领导体制、企业化改革等措施，初步实现民航运输业在整体形式上的企业化。主要的改革措施有以下几项。

（1）机构改革。通过1980年和1982年的两次机构改革，民航总局机关改变了原来的军队建制，组建作为政府主管部门的各业务司局，为民航总局实施行业行政管理职能奠定了组织基础。各地区管理局等基层组织也加强了经营管理机构，为企业化经营建立了组织保障。

（2）建立经济核算制。1979 年以六大地区管理局为独立核算单位，全面考核各项经济指标，按运输吨公里分配收入。1980 年开始实行各省（区、市）局的二级核算和跨区航线联营。从 1981 年起，对各地区管理局实行利润包干。1982 年，在民航系统内全面推行经营责任制和岗位责任制，赋予各地区管理局较大的经营自主权。

（3）改革投资体制。积极尝试拓宽产业发展的资金来源渠道。鼓励在购机资金不足的情况下，通过租赁方式引进飞机。加快现有机队的换代升级，淘汰部分老旧机型等。

（4）初步放松进入管制。1984 年，民航总局与福建省有关企业联合成立厦门航空公司。1985 年，民航总局与新疆自治区人民政府联合成立新疆航空公司。1985 年，民航总局批准成立中国联合航空公司和上海航空公司。[59]

这一阶段的改革使我国民航运输业较为彻底地摆脱了军事化管理的色彩。① 通过领导权的变更和一系列的机构设置改革，民航运输业从空军的军事管理下脱离出来，同时也打破了产业的军事管理体制，初步建立起了符合当时经济体制改革阶段的行政管理机构和初步企业化的体制。② 国家对整个产业的初步规制放松。通过中央政府对民航总局的分权，民航总局成为行业的行政管理机构。就产业而言，具备了独立的产业监管机构，产业由受中央政府的直接控制转为受独立行政监管部门的管制，出现了管制放松的趋势。③ 民航总局推行的经济核算等措施，使产业内初步具备了追求经济效益的倾向，从计划经济时代的执行命令向按经济效益开展经营活动转化是市场化改革的重要标志。民航运输业也从此具备了一定程度的企业化特征。④ 投资体制的改革和进入管制放松的尝试使民航运输业的企业化改革在微观操作层面得到了一定的具体落实，为下一步的深化改革在操作层面上提供了有益的探索。

从总体上说，这一阶段的改革实现了民航产业市场化、企业化的破冰，但这期间依然保留了计划经济的政企合一特征。中国民航局既是行业的行政管理机构和政府部门，同时又是以中国民航名义直接经营航空运输、通用航空业务的全国性垄断企业，航空运输业务并没有从民航局分离出来，只是执行飞行任务的一个工作单元。除了在这一阶段后期出现的个别航空公司外，从产业整体领域看，连独立的航空公司这一必备的形式上的市场经济主体都还不具备。因此，这一阶段的改革成果主要在于摆脱中央政府的直接严格控制和去军事化，民航运输业市场化改革才刚刚开始，民航运输业的企业化主要是在政企合一的状态下对经济效益的重视和强调，这与当时计划经济仍占主体地位的宏观经济背景是分不开的。

4.3.3　企业化改革的深入和放开竞争

1987 年 1 月 30 日，国务院批准了中国民航局《关于民航系统管理体制改革方案和实施步骤的报告》,决定对民航运输业进行以航空公司与机场分设为特征的体制改革，从此中国民航运输业的改革进入了新的阶段。

1987—2002 年，中国民航运输业围绕政企分开、放松进入规制、建立"模拟竞争市场"、促进产业内企业有效竞争的主旨展开了一系列深化改革的行动。

首先是组织机构的改革。对民航局机关进行了机构改革，于 1989 年 11 月 30 日，组建了新的民航局，在明确职责的基础上调整机构设置和人员配备。在 1987—1992 年，陆续组建了国航、东航、南航等 6 个国家骨干航空公司和中国通用航空公司。商业航空运输、通用航空运输及相关经营性业务从原民航北京、上海、广州、西安、成都、沈阳 6 个地区管理局全部剥离。商业航空运输业务基本交由新成立的国家骨干航空公司经营。通用航空业务交由通用航空公司经营。相关资产、人员也一并划转。新组建的 6 家骨干航空公司和通用航空公司按市场机制运营，自主经营、自负盈亏、平等竞争。同时，将原各地区管理局的民航事务管理职能与机场管理职能相分离，将 6 个地区管理局分拆重组为民航华北、华东、中南、西南、西北和东北 6 个地区管理局以及北京首都机场、上海虹桥机场、广州白云机场、成都双流机场、西安西关机场和沈阳桃仙机场。航空运输服务保障系统也按专业化分工的要求进行了相应改革。通过这一阶段组织机构的改革，从形式上实现了管理局、航空公司和机场的分设。

其次是放松市场准入的管制，允许有条件的地方组建地方航空公司。到 1996 年年底，全国共有运输航空公司 26 家，其中民航总局直属企业 11 家，地方航空公司 15 家。民航总局允许组建航空分公司，于 1990 年 2 月将已改革的地区管理局的飞行大队、机务大队和售票处分别划归各航空公司，组建为各航空公司的分公司。这些分公司为骨干航空公司的分支机构，不具有法人资格，实行二级核算。民航总局在地方、部门筹建航空公司的问题上持支持态度，以民航总局直属的航空公司为主力，帮助地方发展民航，表现出明显的放松进入规制的倾向。

此外，民航总局放松了航线进入和飞机购买等方面的管制，取消了需求管制。

在这一阶段的改革中，政府管理机构和职能的改革以及放松管制等改革措施，在一定程度上推动了政府职能的转变。改革后，民航总局作为国务院管理民航事务的行政部门，不再直接经营航空业务。但从 1988 年开始，受经济治理整顿对机构改革深入的影响，政府职能转变难以进一步深化。这一局面直到 1992 年中央明确建立社会主义市场经济的目标后才得以扭转。1993 年开始的政府机构改革把适应社会主义市场经济体制和市场经济发展的要求作为改革的目标，重点转变政府职能，政府管理从微观转向宏观，由直接指挥企业生产转向行政管理，政府的行政管理职能与企业的经营职能分开，基本实现了政企分开。民航运输业的产业改革也随着整体经济体制改革的要求进一步深化，从组织架构、职能设置等方面实现了形式上彻底的政企分开，产业的效率大大提高，逐步满足了急剧增长的社会需求，促进了产业的快速发展，初步解决了制约产业发展的"瓶颈"问题。但民航总局作为政府管理机构仍然保持了对产业较为严格的管制，特别是在价格管制方面，企业基本没有自主定价权。

4.3.4 深化改革阶段

1980 年以来的民航运输业改革在管制放松、放开竞争等方面做出了有益的尝试，取得了显著的成果。改革打破了该阶段制约产业发展的主要瓶颈问题，适应了当时社会经济发展的总体要求，保证了民航运输业在"七五""八五"期间的高速发展。但进入"九五"以后，随着各方环境因素的变化，原有的管制政策为主的产业政策已经不能适应新形势的需要，产业内出现了整体性的供给过剩和买方市场，航班载运率和客座率明显下降，产业效益下滑，增长速度明显放缓。在研究分析新的经济形势的基础上，民航总局一方面继续推进自身的机构改革、转变职能进程，一方面提出了新一轮深化改革的总体方案，以推动产业适应新的形势，保持持续的高速增长。经过研究和国务院审批，新的改革总体方案于 2002 年年初确定。这一轮的改革主要有五个方面。

1．严格进入管制，鼓励和引导企业联合兼并

从 1995 年起，民航总局开始严格限制产业进入，停止审批新办航空公司的申请。1997 年，明确提出"大公司、大集团"战略，鼓励航空公司的兼并联合。从 1997 年到 2002 年 10 月前，中国民航运输业内发生联合兼并 11 起，这期间不但没有新航空公司成立，而且通过联合兼并，业内企业数量出现了减少。1998 年，民航总局进一步提出加快推动强强联合和兼并联合、加快建立具有规模经济效益的航空集团公司，1999 年已初步确定了将直属航空公司组建为 3 ~ 4 家大型航空运输企业集团的思路，奠定了 2002 年业内大规模战略重组和改革的基调。

2．尝试放松价格管制，加强竞争

价格管制是经济性管制的重要环节。在之前的阶段，民航总局虽然采取了一系列的企业化改革，但对产业内的企业保持了严格的价格管制，航空公司基本没有定价的自主权。为了促进产业内的有效竞争，从 1996 年开始，民航总局开始逐步推进票价改革，较为密集地小幅上

调票价。1997 年起，民航总局进一步加大了放松价格规制的尝试力度，并于当年 9 月实施了境外旅客与境内旅客的票价"并轨"，以适应我国扩大对外开放的需要。完成票价并轨后，民航总局推行了"一种票价、多种折扣"的放松价格规制政策，鼓励航空公司运用价格手段积极参与市场竞争。民航总局出台政策的本意是在尝试一定程度上放松对价格的管制，赋予业内企业一定的定价自主权，让航空公司可以根据自身的经营需要采取折扣策略，运用价格手段参与市场竞争。但是，政策一出台很快引起各航空公司的打折热潮，形成了恶性竞争的局面。1985 年 5 月，民航总局不得已对打折幅度进行限制。1999 年，民航总局与国家计委进一步加强了对票价的严格管制，取消折扣票，并对机票销售点进行了大力的清理整顿。2001 年开始试行多级票价体系，逐步推行"明折明扣"的票价政策。2002 年推行对国内航线的团体票价管理，规定最大优惠幅度不超过 30%。

3．加强新增运力的管制

民航总局从 1995 年起对各航空公司新购、租赁飞机进行严格限制，从 1997 年起对航线、航班的新进入也开始严格限制，控制航空公司新增运力的投入，力图扭转供给过剩的市场格局。1998 年，民航总局提出鼓励发展支线运输和货运，解决产业供给的结构性失衡问题。2000 年，民航总局提出了发展支线航空的具体政策，鼓励经营干线业务的航空公司与经营支线的航空公司代码共享或联营，并对支线运输实行最高限价管理。2001 年开始实施航空枢纽工程，限制非基地航空公司在枢纽机场的经停。

4．加大国际航线经营的规制，培养国内航空公司的国际竞争力

随着我国对外开放的深入，民航运输业越来越多地融入国际市场，与外国航空公司之间的竞争也日益激烈。长期以来，国内航空公司在国际市场上竞争力明显不足，市场占有率一直低于外国航空公司。以中美航线为例，中方三家均一直处于亏损状态，而美方三家承运人则保持不错的盈利水平。[60] 在 1997 年从北京首都机场出发的国际旅客中，外国公司承运的份额达 59%，而国内航空公司承运份额仅为 41%，

市场占有率明显偏低①。民航总局从 1996 年起就开始规制国际航线市场的占有率问题，在 1997 年明确提出了发展国际航空市场的战略，要求国内航空公司对内加强联合协作，形成对外竞争合力；对外加强国际合作，积极参与市场开拓。2000 年以后，民航总局尝试通过改革国际航线的分配办法，加强国际航线的准入规制，提升国际航线市场上的集中度，使国内航空公司能够形成规模效应，加强国际竞争力。

5. 推动产业内企业的改制改革，建立现代企业体制

从 1997 年起，民航总局从改善航空公司的资本结构着手，通过推动航空公司的改制，理顺治理结构，建立有竞争力的现代企业体制。从 1997 年开始鼓励有条件的航空公司进行股份制改革，至 2002 年，先后有东方航空股份有限责任公司、南方航空股份有限公司在美国纽约交易所、香港联合交易所上市。东航、海航、山东、上航四家航空公司在国内上市。国航等其他主要航空公司也基本完成了股份制改革。总体来看，这一阶段的改革体现了政府管理者深化产业改革、提高产业效益的良好意图和决心。在具体的改革措施上，基本是积极尝试、逐步推进的态度，与整体改革"摸着石头过河"的大原则是一致的。在改革的过程中，行政管理机构既想运用市场的自由调节机制提高产业的效率和效益，又试图运用行政管制的手段克服发展中的一些困难和障碍。而产业在调控下也表现出"一放就乱、一收就死"的窘态，这是由当时整个国民经济的市场机制不健全不成熟的宏观大背景决定的，而管理部门的改革政策也不得已表现出摇摆和反复的状态。但从实证的角度看，改革确实促进了产业的发展，解放了产业的生产力，提高了效率，这一阶段的改革呈现出一种螺旋形上升的特征。

4.3.5 产权多元化阶段

中国民航业重组已经基本完成，形成了以中央政府控制的中国航

---

① 见国研网：《中国航空运输新阶段的矛盾与对策》，2000 年 11 月 15 日。

空集团、南方航空集团、东方航空集团三家航空集团为主体，以海南航空集团、上海航空公司、四川航空公司等地方航空公司为补充的航空市场构架。2003 年 3 月 20 日，由东航、武航、上海均瑶集团和武汉高科共同出资组建东航武汉有限公司的方案获得民航总局批准。在注册资本 7 亿元中，均瑶集团占 18%。均瑶的参股意味着中国民营资本首次进入了航空主业。

我国的航空运输企业产权改革经历了由国有独资到引入非公有资本的逐步开放的过程。引进国外战略投资者、民营资本和上市融资等手段，使股权结构实现了从一元化向多元化的转变。

根据中央完善社会主义市场经济体制和深化国有资产管理体制改革要求，民航在 2002—2004 年进行了以"航空运输企业联合重组、机场属地化管理"为主要内容的改革[61]。2005 年《国内投资民用航空业规定》正式发布，放宽对所有权的限制，鼓励民营资本进入民航业，目前已有多家民营航空公司参与市场竞争。

2008 年，民航按照第十一届全国人民代表大会第一次会议通过的《国务院机构改革方案》的要求，进行新的民航行政管理部门的改革。国航和南航官网显示股权结构见表 4-7。

表 4-7　国航和南航股权结构

	股东	国航集团公司	国泰航空	HKSCC	国航有限公司	其他股东
国航股权结构	股权比例	41.48%	20.13%	12.82%	11.89%	13.68%
	股权性质	国有资本	海外资本	海外资本	国有资本	社会资本
	股东	南航集团公司	亚旅实业	南龙控股	A 股公众股东	H 股公众股东
南航股权结构	股权比例	42.27%	0.32%	10.53%	29.26%	17.62%
	股权性质	国有资本	海外资本	国有资本	社会资本	社会资本

从国航和南航股权结构分析，国有资本比例略高于 50%，其他资本占据相当比例，具有一定话语权。产权多元化的混合所有制结构极

大地促进了我国航空业发展，实现了国有资本功能放大、其他资本共同参与，航空运输业正逐步建立科学管理、科学决策的现代航空运输企业管理制度。

2018年1月12日，交通运输部以2017年第34号令颁布了《国内投资民用航空业规定》（简称《规定》），并于2018年1月19日起正式实施。其修改内容主要包括：放宽三大航国有或国有控股要求，允许国有相对控股；放宽了主要机场的国有股比要求；进一步放开行业内各主体之间的投资限制。

【专栏4-1】 国内投资民用航空业规定

《国内投资民用航空业规定（试行》（民航总局令第148号）（以下简称148号令）颁布于2005年，是民航为放宽民营资本准入制定的规章，自颁布以来，对于鼓励、支持和引导国有和非国有主体投资民航业、规范民航企业之间的投资行为起到了积极促进作用。

近年来，国家政策、民航行业发展战略、市场环境以及市场主体需求等已发生巨大变化。十八届三中全会提出要全面深化国企改革，发展混合所有制，国务院也相继发布《中共中央、国务院关于深化国有企业改革的指导意见》《国务院办公厅关于进一步做好民间投资有关工作的通知》等系列国企改革和鼓励民间投资的政策文件。《国务院办公厅关于推动中央企业结构调整与重组的指导意见》要求"各有关部门要明确国有资本分行业、分区域布局的基本要求"，"配套出台相关产业管理政策"。为贯彻落实国家有关精神和要求，民航局对148号令进行了修订。

规章分为总则、投资准入、法律责任、附则四章，共二十四条。其中，修订主要内容包括：

（一）放宽三大航国有或国有控股要求，允许国有相对控股

148号令规定了中国国际航空股份有限公司、中国东方航空股份有限公司、中国南方航空股份有限公司应当保持国有或者国有控股。本次修改为"对国内投资需要特别管理的公共航空运输企业应当保持

国有控股或者国有相对控股。其中，国有相对控股应由单一国有投资主体及其控股企业相对控股"。同时，在相对控股概念中增加"实际支配"的要求。

（二）放宽主要机场的国有股比要求

148 号令规定各省、自治区、直辖市政府所在地运输机场及深圳等 9 个重要城市运输机场应当保持国有或者国有控股。本次修改为"纳入民航发展规划的国际枢纽和区域枢纽（以下简称'枢纽机场'），以及具有战略意义的民用运输机场（以下简称'战略机场'）应保持国有独资、国有控股或国有相对控股。其中，国有相对控股应由单一国有投资主体及其控股企业相对控股"。

规章授权民航局制定对国内投资需要特别管理的公共航空运输企业、枢纽机场以及战略机场名单。名单将以民航局公告形式发布。

（三）进一步放开行业内各主体之间的投资限制

一是全面放开通用机场和行业其他主体之间的相互投资；二是一定程度放开运输机场及保障企业对公共航空运输企业的投资限制，将投资比例控制在 5%；三是一定程度放开运输机场及保障企业投资全货运航空公司的限制，保留不得相对控股要求，删除投资比例不超 25%的股比限制；四是缩减对与其他民航企业相互投资有限制的运输机场的数量，仅纳入民航发展规划中的枢纽机场。

资料来源：http://www.caac.gov.cn/XXGK/XXGK/ZCFBJD/201801/t20180112_48530.html。

4.3.6　中国民航多元化产权改革中产生的问题

我国民航航空运输企业与世界知名航空运输企业的最大差距并不在于企业资产、运营收入、机队规模等"硬件"条件，而是企业的产权结构、治理结构、经营机制等"软件"条件。虽然我国部分航空运输企业已经通过上市融资等手段从一元化股权结构转为多元化股权结构，但是我国航空运输企业产权结构还存在以下问题：

1．产权流动性差

我国航空运输企业产权流动性差的主要原因是：① 存在着意识形态的障碍，怕国有产权的流动导致国有资本的控股地位的丧失。② 认识上存在误区，把国有资本的流动等同于国有资本的流失而不敢交易。③ 行政干预。目前我国大多数国有航空运输企业债务负担沉重，并承担着解决就业、维护社会稳定的社会职能。这就决定了国有航空运输企业即使亏损，也很难退出。因为退出意味着巨额国有资产的流失，以及大量员工的社会安置。因此，政府对航空公司的退出采取种种行政干预。

2．所有者缺位

民航直属企业与其他行业的国有企业情况一样，虽然从法律上讲产权是清晰的，但是在现实运作中很不清晰，因为没有一个真正主体拥有国有资产的所有权。以股份制为核心的现代企业制度没有从根本上解决企业产权问题，而只是将产权虚拟化，形式上明晰化。谁是股东，由谁代表，现在组建的所谓董事会，由于董事会成员并不是企业财产的实际所有者，企业的好坏与其并没有直接的关系，也没人去考核监管，所以没有起到代表股东去经营、监管企业的作用。

3．行业管理者越位

中国政府对民用航空实行较严格的管制政策，中国民航总局是国务院指定的行政主管部门。航空公司的设立、航线进入、票价和收费项目等均由民航总局批准。多年来，中国民航总局将直属航空公司作为企业进行经营。2002年民航六大集团成立后，直属公司虽名义上与民航总局脱钩，但总局在飞机购置、人事管理等方面仍握有很大的权力。对行业的统一定价和航线进入的限制使得航空公司的竞争手段局限于航班设置、服务的改进和营销方式的改善上，作为市场竞争重要武器的价格竞争的作用被大大限制了。由于缺乏竞争，多数企业管理水平低下，企业普遍缺乏在竞争形势下的收益管理和成本管理手段和方法，以及开放经济条件下的营销理念和营销组织技术。

4．难以建立现代企业管理制度

在民航航空运输企业中国家的意志取代了股东大会的决议，现代企业管理制度的制衡作用未能实际发挥。

现代企业管理制度的结构中包括股东大会、董事会及经理。股东大会是由股东代表来行使全体股东的权利，而且由于上市公司股票在市场的流动，股东们由此获利，从股票的买卖中保护了自己的利益。董事会是由股东推举产生的，对企业的发展起着战略决策的作用，可以任命总经理。董事会委托的管理人员对企业的法人财产承担经营责任，最终是对投资者承担责任。在现代企业管理制度中，股东大会、董事会、经理是一种相互制衡的关系。这套制度可以保障投资者的利益，保证决策的科学化、经营者能够自主经营，也受到董事会制约，并最终受股东大会和全体股东的约束。

通过合理配置产权多元化结构，企业追求利润的动机会更强，政府直接干预企业经营的强度会减弱。

4.4　大型国企混合所有制改革启示

银行、电信、航空等行业结合自己的优势和特点，吸收其他资本持股，建立混合所有制企业，提高了国有资本配置和运行效率，也给予了其他资本参与公司治理的机会，使得管理和决策更为科学。实践证明了混合所有制经济存在的合理性，其发展规模和效益充分说明了混合所有制作为深化经济体制改革选择的可行性和必然性。

1．建立人格化的国有股产权主体

铁路作为国有资产，进行混合所有制改革，其股权为全体人民所有。不过，从上文中对银行、电信以及航空企业的改革实践的分析可知，其全体人民所有权是由政府指定的特定机构和部门代为行使，因而缺少真正的人格化的产权主体来代为行使企业财产所有权。

人格化的产权主体缺位极易导致国有企业陷入权责模糊的不利境

地。这主要表现在：① 国家多部门分别享有并行使着所有权，缺乏一个统一的产权主体来代为行使所有权和控制权；② 由于信息不对称，国家多部门对国有股权实施管理，其权责交叉必然引起国有股所有者代表缺位，进而导致监督权虚置，经营权转变为实际控制权并越位取代所有权；③ 国有企业所有者代表缺位使得其难以建立有效的激励约束机制，导致难以落实国有股权益维护工作，很可能出现特定利益集团（如董事会和高级管理层）利用控制权为自己谋私利的问题。此时，就会出现董事会和高级管理层越位行使经营权，股东大会仅限于形式，监事会形同虚设等问题，从而破坏国有企业进行产权改革后形成的制衡机制。对于铁路混合所有制改革而言，建立人格化的国有股产权主体也十分必要。

2．产权结构改革要确保国家拥有绝对控股权，维护国家战略安全

铁路作为国民资产，不只有盈利权利，更要承担国家公益运输义务。作为国民经济大动脉的铁路，实行混合所有制改革不是目的，而是手段。通过混合所有制改革，学习和借鉴国内其他行业或国外同行的先进经营管理经验，从而达到改善经营管理水平、提高经营绩效的效果。在铁路混合所有制改革过程中，不能一味追求产权多元化，否则会脱离我国国情和铁路路情，极易导致我国战略安全处于被动状态。在铁路路网混合所有制产权改革中，要坚持的首要和基本原则是国家绝对控股，保证国家对铁路的控制权，有效防范和化解相关金融风险和国家战略安全风险，维护国家宏观的物资运输稳定。

3．完善非国有股引入机制，充分发挥非国有股东的建设性作用

上文分析国有商业银行在引进非国有股过程中主要存在两大问题：一是金融安全问题；二是战略投资者蜕变为财务投资者问题。

因此，我国铁路在引进非国有股时，应关注其可能引起的问题，通过完善引入机制，保证其发挥应有的建设性作用，以防国有资产流失。国有商业银行在引进外资时出现的问题，铁路部门需要引以为戒。

一方面，解决好引进非国有股的关键环节——非国有股东的选择，通过明确非国有股东的引进类型、选择标准以及引进方式，确保选择出合格的战略投资者；另一方面，设计好引进非国有股的配套措施，即完善引进非国有股的法律法规体系，对非国有股实施全面、动态的监管战略，加快外部市场环境建设的步伐，加强非国有股东与国有股东的沟通与协调等。

4．重构铁路部门内部治理结构

在几乎所有国有企业体制改革过程中，对民间资本都设置了较高的进入壁垒，或者也可以认为国有体制改革吸引民间资本的能力有限。问题不仅仅是国家对于民间资本购入股权的比重有严格的控制，还有国企内部治理过于行政化，董事会、监事会、经理层的有效监督制衡机制没有建立，难以发挥现代企业制度的优势。

解决当前国有企业治理存在的问题，应从两方面着手：一方面，构建强有力的监督机制，解决内部人控制问题，保证国有企业所有权与控制权相统一；另一方面，构建有效的监督制衡机制，防止因监督机构权力过大而产生新的内部人控制问题。

铁路部门进行混合所有制改革过程中必须谨慎地重构铁路部门内部治理结构，保证所有权与控制权相统一。

4.5　本章小结

本章主要从银行、电信以及民航领域的改革展开：① 从股权结构分析，我国银行基本实现了股权结构多元化，国有资本、社会资本、海外资本各占据一定比例。在学习了国外先进管理经验之后，中国银行的生产效益有较大的进步，国际竞争力显著提升。② 从改革实践来看，中国电信产业改革运用的主要手段是竞争改革，如联通的建立、中国电信的纵向与横向分拆以及分拆后的重组合并等。虽有一定成效，但是由于国有产权在各电信企业的绝对控制地位，企业的市场行为受到同一利益主体即国家的影响。③ 民航产权改革，经过几十年的发展，我国民航航空运输企业与世界知名航空运输企业在设备、企业资产、机队规模等方面都没有较大差距，而差距在于企业的产权结构、治理结构、经营机制等方面。

本书认为，民航、银行等行业混合所有制改革的成果表明混合所有制是一种有效率的资本组织和运行方式，有利于推动各种所有制资本取长补短、相互促进、共同发展。

本书建议，铁路作为典型的网络型行业，应结合自身特点，积极借鉴其他行业的成果，进行产权多元化的混合所有制改革。

第 5 章 铁路混合所有制：总体思路

本章主要阐述铁路混合所有制改革的必要性、总体要求和改革思路。混合所有制改革是铁路改革的必然选择，有利于完善基本经济制度、解决铁路中长期债务、构建铁路现代企业制度等。铁路工程、装备两个领域的国有企业在 2003 年后移交国资委管理，并顺利在 A 股上市，作者认为含有国资股东的上市公司是理所当然的混合所有制企业，即铁路工程、装备两个领域的国有企业已经基本完成了混合所有制改革，但路网和运营两个领域还没有完成，因此本书重点阐述这两个领域的混合所有制改革。

5.1 铁路混合所有制：必然选择

党的十八届三中全会决定明确强调："产权是所有制的核心"，"国家保护各种所有制经济产权和合法利益"。在全面深化铁路改革的过程中，产权多元化是混合所有制重要实现途径。产权是以财产所有权为基础，由所有制实现形式所决定的，产权具有排他性、独立性、可分解性和收益性[62]。因此要打破垄断，产权多元化的混合所有制改革无疑是一种积极手段。

按照十八届三中全会的部署，包括混合所有制改革在内的各项改革都在积极推进。截至 2017 年 12 月 15 日，第三批混合所有制改革试点名单已经确定，一共是 31 家，其中中央企业子企业 10 家，地方国有企业 21 家，三批混合所有制改革试点加起来一共 50 家，重点领域混合所有制改革试点正在逐步有序推进。

在铁路、民航、油气、电信等领域，推出一批有吸引力的项目，鼓励民间资本参与，积极推进混合所有制改革，这也有利于降低整个政府的债务负担。在混合所有制的目标之下，民营资本等非公有资本进入这些领域，可以为这些领域引入市场竞争的"鲶鱼效应"，加大市场竞争力度，使这些行业向市场化的目标迈进，为中国经济长远健康发展奠定基础。

5.1.1　铁路混合所有制改革契机

党的十八届三中全会提出了"积极发展混合所有制经济"重要论断。混合所有制经济是相对于公有制和非公有制经济而言的财产所有结构，是我国基本经济制度的重要实现形式。著名经济学家、全国政协委员厉以宁曾指出，股权结构并不是国有资本越多越好，混合所有制经济重在资本的控制力，而不是资本存量[63]。在国有资本独资条件下需要 100% 的国有资本来实现对企业的控制，而在混合所有制下低至 50.01% 即可绝对控股、低至 20% 左右亦可实现相对控股，国有资本控制力、影响力大大增强。

当前，全面深化铁路改革要着力发展铁路混合所有制，放大铁路国有资本的控制力，发展铁路混合所有制就是要实现铁路产权的多元化。党的十八届三中全会通过的《中共中央关于全面深化改革若干重大问题的决定》[64]不仅明确强调："产权是所有制的核心"，并再次重申要"健全归属清晰、权责明确、保护严格、流转顺畅的现代产权制度"。在全面深化铁路改革的过程中，尤其应在铁路产权多元化上下功夫，将铁路国有资本与社会资本等各种所有制资本相结合，让市场机制在优化资源配置中起决定性作用。通过铁路产权多元化改革，铁路国有企业在产权关系上不至于对政府产生过度依赖，以打破所有制、行政区划的限制，扫除市场进入壁垒和障碍，消除经营权垄断的基础，促进运输企业之间的相互竞争。

铁路实行产权多元化改革后，有利于铁路国有企业集聚社会资本、合理配置资源，促进和引导民间投资，从放宽投资领域、拓展融资渠道、实现投资主体多元化等方面，鼓励和引导社会投资以独资、合作、联营、参股、特许经营等方式，参与到铁路项目建设与运营之中，这对于缓解铁路当前债务风险、填补铁路建设资金缺口、促进铁路现代企业制度的建立等均具有重要意义。

5.1.2　铁路混合所有制改革优势分析

1．有利于完善基本经济制度

党的十八届三中全会指出，允许更多国有经济和其他所有制经济发展成为混合所有制经济。铁路实行混合所有制改革是铁路市场化改革关键一步，只有大力发展混合所有制经济，才能放大铁路国有资本功能，提高铁路国有资本配置和运行效率，激发铁路的市场活力，增强铁路市场竞争力。铁路发展混合所有制经济一方面依赖于基本经济制度的主体结构，另一方面也是推进经济体制改革、完善基本经济制度的重要内容。其原因在于：① 铁路是国民经济大动脉、关键基础设施和重大民生工程，是综合交通运输体系骨干和主要交通运输方式之一，在我国经济社会发展中的地位和作用至关重要；② 铁路国有资本规模巨大，在现代化经济体系中占有重要地位。

2．有利于铁路国家所有权政策的实现

铁路国家所有权政策实现的最终的目标是：国家对铁路行业应采取更加重视、加强控制的总体政策，但是考虑到各个领域的实际情况，应对五个领域采取有区别的政策：① 路网具有公益性，可由国家控股；② 运营具有竞争性，可充分放开；③ 工程、装备等领域虽然具有竞争性，但由于要体现高端装备走出去等战略任务，政府仍应保持较高的股权，以体现国家意志。因此，铁路进行混合所有制改革，是铁路国家所有权政策的具体体现，铁路国家所有权要求对于可由社会资本适当参与的领域应向社会资本放开。

3．有利于推进铁路管理机制现代化

2013 年 3 月成立的中国铁路总公司迈出了"政企分开"的关键一

步，但其经营管理机制和水平基本沿袭了原铁道部的，市场机制在资源配置中的基础性作用未能充分发挥出来，因而铁路封闭性和垄断性特点导致铁路缺乏竞争。中共中央、国务院《关于深化国有企业改革的指导意见》指出，深化国有企业改革目标是发展混合所有制经济，建立和健全国有企业公司治理结构。按照十八届三中全会部署以及国家深化国有企业改革、发展混合所有制经济的迫切需求，铁路应当积极推进产权改革，稳妥有序地引入社会资本进入铁路，促进国有企业转换经营机制，推进铁路管理机制和水平现代化。

4．有利于构建铁路现代企业制度

铁路行业产权结构不合理主要表现为产权结构单一，现代企业的法人治理结构不完善。在产权多元化和发展混合所有制经济的共识和趋势下，发展基于产权多元的铁路混合所有制，是社会主义市场经济发展的内在要求，也是当前全面深化铁路改革的必然要求。党的十八届三中全会决定指出，根据不同行业特点实行网运分开、放开竞争性业务，推进公共资源配置市场化。健全协调运转、有效制衡的公司法人治理结构。现代企业制度的核心是产权清晰、权责明确、政企分开、管理科学。市场经济是基础，企业法人制度是主体。只有在市场条件下实现铁路产权多元化才能为建立铁路现代企业制度奠定基础。

5．有利于引入社会资本参与

铁路一直以来都是由国有资本绝对主导，甚至全部由国有资本投资、建设及运营。政企分开后，铁总的所有制形式仍是单一的国有资本形式，铁总所有制结构和属性仍然未变。党的十八届三中全会指出，积极发展混合所有制经济，国有资本投资项目允许非国有资本参股。2014年11月26日发布的《国务院关于创新重点领域投融资机制鼓励社会投资的指导意见》指出，加快推进铁路投融资体制改革，用好铁路发展基金平台，吸引社会资本参与，扩大基金规模。因此，铁路发展产权多元化的混合所有制经济形式是吸引社会资本参与铁路，推进铁路投融资主体多元化的必要途径。

6．有利于解决铁路中长期债务

2013 年中国铁路政企分开后，铁总继承了原铁道部所有资产与债务。截至 2018 年 3 月底，铁总负债达 5.04 万亿元，较去年同期的 4.72 万亿元增长 5.8%，负债率达 65.27%。巨大的债务问题已经影响铁路正常建设和运营，解决铁路债务困局是当前铁路经济体制改革的迫切要求。在全面深化铁路改革进程中，势必通过铁路国有资产产权的流转实现企业化的经营，并实现铁路行业与资本市场的对接。通过产权流转，实现铁路所有制形式多元化，进而使国有资本、民营资本等社会资本共同参与的混合所有制结构成为解决铁路中长期债务问题的有效方式。

5.2　铁路混合所有制：总体要求

2015 年 8 月 24 日颁布的《中共中央、国务院关于深化国有企业改革的指导意见》（下称《指导意见》）是新时期指导和推进国有企业改革的纲领性文件，从改革的总体要求到完善国有资产管理体制、发展混合所有制经济、强化监督防止国有资产流失等方面，提出了新时期全面深化国有企业改革的目标任务。铁路作为国有企业的重要领域，在混合所有制改革时应按照《指导意见》的相关要求逐步稳妥推进。

5.2.1　基本原则

铁路国有企业混合所有制改革是对铁路国有企业的原有产权体制的深层次变革，改革关系到每一个社会成员的切身利益，因而难免会众说纷纭，莫衷一是。对此，我们应该冷静地看待和理性地把握。铁路国有企业产权改革的基本原则可以归纳为：

1．坚持混合所有制改革方向

以促进铁路国有企业转换经营机制，放大铁路国有资本功能，提高铁路国有资本配置和运行效率，稳妥推动铁路国有企业发展混合所有制经济。推进铁路国有企业混合所有制改革，要充分发挥市场机制的作用，坚持因地施策、因业施策、因企施策，宜独则独、宜控则控、宜参则参。

2．坚持增强活力和强化监管相统一

增强活力是搞好铁路国有企业的本质要求，加强监管是搞好铁路国有企业的重要保障，要切实做到两者的有机统一。依法落实铁路国有企业法人财产权和经营自主权，进一步激发铁路国有企业活力、创造力和市场竞争力。进一步完善铁路国有企业监管制度，切实防止铁路国有资产流失，确保铁路国有资产保值增值。

3．坚持党对铁路国有企业的领导

要贯彻全面从严治党方针，充分发挥企业党组织政治核心作用，加强企业领导班子建设，创新基层党建工作，深入开展党风廉政建设，坚持全心全意依靠工人阶级，维护职工合法权益，为铁路国有企业混合所有制改革提供坚强有力的政治保证、组织保证和人才支撑。

4．坚持保证效率与兼顾公平相结合

铁路国有企业产权改革，或者说铁路国有企业的混合所有制改革，根本目标是让铁路国有企业获得活力，提高效率。而兼顾公平，防止社会大规模的动荡，则是我们必须坚守的底线。

5.2.2　改革目标

铁路改革的目的是推动铁路向市场化、产权多元化方向发展，混合所有制作是实现铁路市场化重要形式，是铁路改革的关键问题之一。基于产权多元化的铁路混合所有制改革的目标主要有以下四点：

1．放大铁路国有资本功能，提高铁路国有资本配置和运行效率

随着铁路的高速发展，铁总形成了大量铁路优质资产。铁路单一的所有制经济模式导致铁路资本、集体资本、非公有资本等性质不同

的资本之间无法实现有效的融合与兼容，并且在铁路国有资本管理能力方面也受到深刻的影响。铁路混合所有制改革就是要实现：① 通过"债转股"的形式盘活大量优质的国有铁路资产；② 通过投资入股、联合投资等多种方式，与非国有企业进行股权融合，放大铁路国有资本能力，实现铁路资本的有效配置；③ 铁路资本优化管理，提高铁路资本运行效率，确保铁路国有资产能够长期处于保值以及增值的状态。

2．加强市场竞争，打破铁路行业垄断

《国务院关于国有企业发展混合所有制经济的意见》指出，对自然垄断行业，实行以政企分开、政资分开、特许经营、政府监管为主要内容的改革，根据不同行业特点实行网运分开、放开竞争性业务，促进公共资源配置市场化。因此，铁路混合所有制改革要稳妥有序放开铁路运营业务，探索铁路路网产权改革，引入社会资本，引入竞争机制，打破铁路行业垄断，提高铁路资源配置效率。

3．完善铁路现代企业制度，健全企业法人治理结构

十八届三中全会明确了国有企业改革已经成为我国经济改革的主要任务，国有企业改革就是推进混合所有制改革。目前铁路国有企业的主要问题是企业运行的产权基础仍是单一的公有制，且铁路效率低、债务大、经营管理理念落后。因此，铁路混改中"混"只是方法和手段，而"改"才是最终目标，通过引入不同性质股东并调整持股比例，促进体制机制创新，形成股权结构多元、股东行为规范、内部约束有效、运行高效灵活的市场化经营机制，从而真正建立现代企业制度，健全法人治理结构，让铁路国有企业充分发挥出自己的优势。

4．为解决铁路深层次问题创造有利条件

以铁路混合所有制为实现形式，加强铁路优质资产证券化，并以股权流转实现社会资本进入铁路领域，充分发挥资本市场的作用，扩大直接融资的比重，对于铁路投融资改革有着重要意义。同时，通过混合所有制改革，铁路成为混合所有制企业，此时铁路产权（股权）具有流动性，可以通过产权（股权）流转处理铁路国有企业债务。因

此，铁路混合所有制改革可为解决铁路深层次问题（投融资、债务等问题）创造有利条件。

5.2.3　基本要求

铁路基于产权多元化的混合所有制改革必须注意以下几方面的要求。

1．关于改革的方向

铁路国有企业混合所有制改革还处于试点过程中，可能会出现一些负面效应，但混合所有制改革方向是坚定不移的。铁路混合所有制改革就是要发挥混合所有制各投资主体的优势，形成利益共享、优势互补、共同发展的良好态势，更好地体现铁路及其他资本的功能。在这个过程中，要鼓励各类企业参与铁路混合所有制改革，并保护各类投资者参与铁路混合所有制改革的利益和权益，继续坚持铁路混合所有制改革方向，发挥混合所有制改革优势。

2．关于改革的方式

著名经济学家厉以宁曾指出，股权结构并不是国有资本越多越好，混合所有制经济重在资本的控制力，而不是资本存量。在并不重要的行业以及并非关键的领域，一味强调国有资本绝对主导，就肯定建不成市场经济；国有经济的比重过大，也肯定建不成好的市场经济。从政府的政策取向看，在中小国企改制基本完成后，政府应加快铁路等国有企业股权多元化和组建少而精的大型集团，以改制上市化解公司治理难题，以铁路国资管理体制改革化解政企分开难题。一方面，通过改革促使铁路具备现代企业的治理水平和竞争力，加速建立铁路资本经营预算制度，充实铁路资本，增强中央政府调控再分配的能力；另一方面，坚持维护铁路职工合法权益，充分调动和保护广大铁路职工参与铁路国有企业改革重组的积极性。[65]

3．关于改革的铁路国家所有权政策

加快铁路国有企业产权制度改革，要有所为、有所不为，从铁路

国家所有权政策的角度上调整国有经济布局。我们必须给民营企业创造很好的发展环境，无论是政策上、体制上还是应用上。铁路国有企业允许民间资本进入，只是资产的形态发生了变化，变成了现金形态和非经营性资产形态，并非国有资产的流失。从这个意义上说，铁路国有企业的有进有退并不是国有资本的有进有退，而是铁路资本形态的有进有退。

5.3 铁路混合所有制：改革思路

5.3.1 铁路网运关系调整

在铁路混合所有制改革进程中，进行网运关系调整、成立中国铁路国有资本投资运营公司（下称中铁国投）是两个必然选项。因此，首先要考虑的问题是：究竟是先成立一个中铁国投来推进混合所有制改革，还是先基于中铁总实施网运关系调整再成立一个中铁国投来深化铁路混合所有制改革？

作者认为，先进行网运关系调整，再成立中铁国投来深化铁路混合所有制改革更为有利。

（1）铁路是一个十分复杂的系统，网运关系调整牵涉面十分广泛，技术性含量较高。而中铁国投相关人员的经验和阅历更侧重于资本运作方面，先对具有统一垄断属性的中国铁路总公司进行网运关系调整（即路网宜统、运营宜分、统分结合、网运分离），能充分发挥中国铁路总公司既高度统一、又自然垄断这一特点的体制优势，有利于在保证安全的前提下提高改革的效率。

（2）先进行统分结合的网运关系调整之后，有利于后续各运营公司和路网公司分别根据自身特点推进混合所有制改革，有利于吸引社会资本分类进入铁路领域，深入推进铁路投融资体制改革。对于铁路国有企业而言，在逐步进行统分结合的网运关系调整过程中，也将逐步建立起混合所有制下的现代企业制度，进而有利于发挥混合所有制经济的优势。

（3）路网业务具有国家基础设施的特点，在国有资本控股甚至独资从而确保国家对路网拥有控制权的前提下，可通过债转股等方式处置部分存量债务，吸引汇聚社会资本投资路网以解决增量债务。

（4）运营业务是具有充分竞争性的业务，可通过产权流转，吸引社会资本进入以解决存量或增量债务，以包括国有资本在内的各类社会资本独资、参股或控股的形式实现混合所有制。

5.3.2　铁路运营公司混合所有制改革

铁路运营公司混合所有制改革分为"三步走"。

（1）运营业务公司化的重点是推进以下三项工作：① 做实、做大、做强三大专业运输公司（中铁集装箱运输有限责任公司、中铁特货运输有限责任公司、中铁快运股份有限公司）。② 对于 2013 年以来成立的一批货运受理服务中心（货运营销中心的职责并入货运部，不再保留货运营销中心；货运受理服务中心，主要职责是货运业务集中受理、大客户维护、装载监控、服务质量监督等。[①]）中的一部分，可根据铁路向现代物流转型发展的实际需要，按照公司制和股份制的思路，由中国铁路总公司及 18 个铁路局集团公司以交叉持股的形式，将其整合进入三大专业运输公司。③ 对于 2013 年以来成立的一批货运受理服务中心的另一部分，则按照现代企业制度孵化、整合而成若干个类似三大专业运输公司的货运运营公司。以上三大专业运输公司与若干个新增的运营公司（简称为"3+N"）构成铁路运营领域的骨干。运营业务公司化阶段的实质是在铁总的框架下实现初步的、事实上的网运分离。

（2）包括铁路三大专业运输公司在内的所有运营公司稳妥有序引入其他国有资本、集体资本、民营资本，形成产权多元化的现代企业治理结构。通过相关法律保障，逐步调整总公司、各铁路局集团公司股权比例，其目的在于将总公司、各铁路局集团公司控股、参股的运营类非上市的股份有限公司逐步转型成为社会资本控股、参股的股份

---

① 参考《呼和浩特局集团公司党委、呼和浩特局集团公司关于改革优化集团公司机关管理机构的通知》呼铁劳卫〔2018〕308 号。

有限公司，为各类社会资本参与运营类公司创造公平的环境。

（3）将上述运营公司全部推向市场，中国铁路总公司（或改制后的中国国家铁路集团有限公司）和各路局集团公司完全退出运营公司（除军事运输和公益性运输外），从而充分保障铁路运营公司市场主体地位，按照市场运作方式，让各运营公司公平竞争，在路权使用上享有同等权利。

5.3.3　铁路路网公司混合所有制改革

对于铁路路网公司，确保路网的统一性和完整性能有效提高运输效率，按照出资比例和国家相关政策确定公司股权结构，保障铁路总公司和各铁路局集团公司股东行使表决权和管理监督权，并按照股权比例决定公司生产经营活动。

本书建议中国铁路路网公司首先应以国家独资公司的形式存在。如果铁路国家所有权政策认为允许路网公司不以国有独资公司的形式存在，那么有必要择机实施路网公司的混合所有制改革。考虑到铁路路网关系着国家的经济安全，路网混合所有制改革应当由国有资本绝对控股，各类社会资本参股。路网层面的混合所有制改革可以利用铁总实际控制的大秦铁路和广深铁路两家上市公司来进行操作。由于大秦铁路和广深铁路具有上市公司的身份，因此可以不断向资本市场发行股份，购买非上市公司的铁路路网资产，并逐渐实现大秦铁路和广深铁路两家控股中国铁路路网资产，最终将大秦铁路和广深铁路合并，使国家铁路"一张网"得以形成。为了兼顾资本市场的稳定发展，这个过程可能需要较长的时间才能够完成。

5.4　本章小结

本章可分为三大部分，包括分析铁路混合所有制改革的必要性、制定铁路混合所有制改革的总体要求以及阐述铁路混合所有制改革的思路。第一部分析铁路混合所有制改革契机以及改革优势，得出基于产权多元化的混合所有制改革的必然性；第二部分主要论述了铁路混合所有制改革的总体要求，包括基本原则、改革目标、基本要求等；第三部分主要阐述铁路混合所有制改革思路。

本书认为，铁路混合所有制改革应坚持混合所有制改革方向、坚持增强活力和强化监管相统一、坚持党对铁路国有企业的领导及坚持保证效率与兼顾公平相结合等原则，实现以下目标：① 放大铁路国有资本功能，提高铁路国有资本配置和运行效率；② 加强市场竞争，打破铁路行业垄断；③ 完善铁路现代企业制度，健全企业法人治理结构；④ 为解决铁路深层次问题创造有利条件。

本书建议，铁路混合所有制改革先进行统分结合的网运关系调整后，有利于后续各运营公司和路网公司进行混合所有制改革，有利于吸引社会资本分类进入铁路领域，有利于深入推进铁路投融资体制改革。

第 6 章　铁路混合所有制：实施路径

2018 年 1 月 2 日，中国铁路总公司召开"中国铁路总公司工作会议"表示：2018 年积极推进混合所有制改革，研究各专业优势公司和科技型企业实施混合所有制改革方案，引入社会优质资源，推进 Wi-Fi 运营公司股权转让，构建市场化运行机制，促进铁路资本与社会资本融合发展；加强对股权转让、引入外部投资者等事项的分析论证，依法推动合资合作。2018 年 7 月 5 日，国铁吉讯科技有限公司正式揭牌成立（见专栏 6-1），其中铁总持股 51%，吉利持股 39%，腾讯持股 10%。国铁吉讯的成立，标志着铁路混合所有制改革迈出了标志性的一步，具有良好的示范作用。

【专栏 6-1】　国铁吉讯科技有限公司揭牌成立

2018 年 7 月 5 日，在北京举行的"智能高铁发展暨京津城际铁路开通十周年论坛"上，新组建的国铁吉讯科技有限公司正式揭牌成立，标志着动车组 Wi-Fi 平台建设经营取得重要进展。国铁吉讯科技有限公司（下称国铁吉讯）由三家企业共同组建，其中，中国铁路总公司（下称铁总）持股 51%，浙江吉利控股集团有限公司（下称吉利）持股 39%，深圳市腾讯计算机系统有限公司（下称腾讯）持股 10%。国铁吉讯负责动车组 Wi-Fi 平台建设和经营，将向旅客提供站车一体化、线上线下协同的出行服务，包括 Wi-Fi 服务、休闲文化娱乐、新闻资讯、在线点餐、特色电商、联程出行、智慧零售等。

铁总有关部门负责人表示，国铁吉讯科技有限公司的成立，是铁路部门深化国铁企业改革、积极发展混合所有制经济、推动高铁网+互联网"双网融合"取得的重要成果。新的合资公司组建后，将进一步规范现代企业制度，构建市场化运行机制，充分发挥各方优势，实现强强联合、合作共赢，为广大旅客提供更加丰富优质的服务，努力将国铁吉讯打造成全球知名的互联网科技公司。

吉利控股、腾讯相关负责人表示，动车组 Wi-Fi 市场前景十分广阔，将充分发挥品牌建设、市场经营和互联网技术等方面的优势，与铁路企业共同经营好新组建的合资公司，努力打造一支有梦想、有激情、有责任的管理团队，创建铁路互联网服务的开放合作新平台，推动面向旅客的智能高铁服务，努力改善旅客出行体验，增强旅客获得感。

资料来源：http://www.sohu.com/a/239413782_362042。

国铁吉讯科技有限公司的成立属于铁路非主业混合所有制实践。与此同时，铁路主业混合所有制改革也在稳步推进（见专栏 6-2）。

【专栏 6-2】 铁路运输主业混合所有制二则

1. 海南铁路有限公司增资项目

2018 年 7 月 23 日，上海联合产权交易所公布了《海南铁路有限公司增资项目》，拟募资不低于 119.05 亿元。其中，105.35 亿元拟用于新增注册资本，拟募集资金对应股权比例约为 25.73%。中国铁路广州局集团有限公司是海南铁路第一大股东，持股 58.95%。第二大股东海南省发展控股有限公司（下称"海南控股"）持有海南铁路 30.94% 的股权，拟转让海南铁路原注册资本中 53.24 亿元出资额的对应股权。增资和股权转让完成后，海南铁路吸收的社会投资人资金将达到 172.29 亿元，原股东持股比例为 61.27%，新增投资人持股比例为 38.73%。挂牌征集将于 9 月 14 日期满，目前已有多家社会投资者明确表达了参与海南铁路混改的意向。

资料来源：http://www.chnrails.com/html/2018/gn_0731/20128.html。

2. 中铁顺丰国际快运有限公司在深圳揭牌成立

2018 年 8 月 29 日，新组建的中铁顺丰国际快运有限公司在深圳揭牌成立。中铁顺丰国际快运有限公司由铁总属下的中铁快运股份有限公司与顺丰控股属下的深圳顺丰泰森控股（集团）有限公司共同组建，中铁快运占股 55%，顺丰占股 45%。其经营范围主要包括高铁快运、快速货物班列等特色物流服务产品研发销售以及铁路跨境电商货运平台设计建设等。该公司的组建旨在以客户需求为导向，强化整合资源，打造具有仓储、装卸、包装、搬运、加工、配送等多种服务功能的综合物流中心，向社会提供安全、便捷、高效的快运物流服务。

资料来源：http://money.163.com/18/0829/10/DQCB6OKM00258152.html。

考虑到非运输主业混合所有制实践比较容易实现，而运输主业混合所有制难度较大，本章将重点研究铁路运输主业的混合所有制改革。首先，从交叉持股的优势、实施路径以及交叉持股与混合所有制的关系三方面展开论述；其次，重点阐述铁路运营和路网两个领域的混合所有制改革构想。

6.1　从"交叉持股"到"混合所有制"

6.1.1　交叉持股的优势

交叉持股是指两个或两个以上主体基于特定目的，相互持有对方发行的股份，从而形成彼此投资的现象。就我国而言，交叉持股意在深化国企改革与股份制改革，加强企业间联合和协作，克服重复建设、缺乏合作等弊端。交叉持股可以结合成利益共同体，在一定层级形成股权置换，提高合资公司及项目的风险承受能力；实现多方资源的集合，构建牢固的战略联盟，提高企业整体市场竞争力，并在联合对外行动时共享商业信用。同时，通过交叉持股的方式调整股权结构，有利于央企母公司完善公司治理，解决"一股独大"顽疾。

1. 有利于降低交易成本，发展规模经济

铁路交叉持股的公司对彼此相对熟悉和了解，进行交易毫无疑问在降低交易成本方面具有天然的优势。利用相互持股，在参股的公司之间形成以股份为媒介的联系，因有着共同利益而被捆绑到一起，并且多家参股公司可以一同合作开发新型客运或者货运产品，拓展更广阔的服务领域，抓住成功的机会并分散交易风险。

在全面深化铁路改革之后，铁路外部竞争压力会逐渐扩大，铁路公司如果想增强铁路在运输市场的竞争力，就必须不断地壮大自身，而交叉持股正好为铁路公司提供了一个合适的发展平台。在交叉持股的大背景下：① 参股公司发展成为大规模的公司联盟体，追求公司快速成长的步伐一致，公司及市场资源得到更合理的优化；② 利用公司之间在各种资源上所具有的配合协调优势，公司生产效益明显提升；③ 基于交叉持股的优势，公司管理人员也在工作岗位发挥了最大效用，公司生产效率得到大幅提高，公司的成本却降低；④ 规模经营的各种优势被公司集团充分利用，从而最大限度地发展自身，大大拓展了公司规模，并不断走向庞大。[66]

2. 有利于稳定公司经营权，防止恶意收购

公司交叉持股既是资本参与的一种方式，又是公司联合的一种手段，它消除了完全合并所带来的不利影响，而使公司在法律地位上保持自身的独立性，但又不是完全的独立、分散。稳定的经营权是公司长远发展下去的关键。公司之间交叉持股可以有效地建立集团联盟，抵御外部收购风险，稳定公司的经营管理层，保障公司持续发展。[67]

预防公司被恶意收购是交叉持股行为的应有之义。公司是由若干出资人出资成立的，各出资人也即股东出资设立公司的期待不同，有的股东谋求短期效益，有的股东放眼长远利益，还有的股东出资设立此公司是考虑为其拥有的彼公司寻找业务战略合作者，尤其是与彼公司有业务互补性或关联性的公司。当公司面临恶意收购的时候，股东很可能受高价的诱惑，做出基于自身利益的行为，而不会考虑公司的持久经营和发展。这种情形往往会造成公司的经营困难，抑或造成被

兼并的不利局面。公司之间相互交叉持股，彼此也成为合作伙伴，结成利益联盟者，寻求互惠互利。在面临收购的时候，交叉持股的公司之间已然形成一道天然的屏障，这在很大程度上能防止公司被恶意收购。

3．有利于控制交易风险

同属一个公司集团下的母子公司之间通常具有产品的供求关系，如果这两个公司之间为单向持股，则通过这种供求关系转移的利润有可能非常巨大，因此，可能会导致母子公司之间较大的利益冲突。但是，如果这两个公司之间相互持股，即可以通过股利分配这种方式，使被转移的利润有所回归，从而控制交易风险，消减双方的利益冲突，稳固其业务关系。

6.1.2　交叉持股实施路径

交叉持股的益处显而易见，但铁总作为一个全民所有制企业，在实际操作层面仍有一定难度。因此，铁总改革"三步走"应持续推进，尤其是铁总本级的公司制改革尤为重要。所谓铁总改革"三步走"指的是，从 2017 年 8 月开始的铁总所属非运输企业、18 个铁路局集团公司和中铁总本级的公司制改革。目前，前两步改革已经基本完成，铁总本级的改革属于最难的部分，截止到本书写作完成时改革尚未启动。一旦铁总本级公司完成公司制改革后，对运输需求产业链的上下游企业交叉持股工作即可按照一定层次或范围依次展开。

1．铁总系统内各公司交叉持股（以货运为例）

在铁路网运关系调整过程中[①]，铁总应对已经存在的货运受理服务中心做好进行划转进三大专业运输公司或整合举办新的物流公司的准备工作，进一步理清行车（路网）与货运（运营）的业务与资产边界，为实施运营业务公司化创造条件。

---

① 具体参见"铁路改革研究丛书"之《铁路网运关系调整研究》第 6 章。

运营业务公司化的重点是推进以下三项工作：① 做实、做大、做强三大专业运输公司（中铁集装箱运输有限责任公司、中铁特货运输有限责任公司、中铁快运股份有限公司）；② 对以上若干货运受理服务中心中的一部分，可根据铁路向现代物流转型发展的实际需要，按照公司制和股份制的思路，由铁总及 18 个铁路局集团公司以交叉持股的形式，将其整合进三大专业运输公司；③ 对以上若干货运受理服务中心中的另一部分，则按照现代企业制度孵化、整合而成若干个类似三大专业运输公司的货运运营公司。

以上三大专业运输公司与若干个新增的运营公司（简称为"3+N"）构成铁路运营领域的骨干，充分发挥运输市场的竞争主体、网运关系优化的推动力量、资本市场的融资平台三大职能，在铁总范围内促进业务融合。

2. 铁总与铁路工程、装备领域国有企业交叉持股

铁路行业国企之间相互交叉持股，是铁路改革顶层政策设计的重要选项之一。加快铁总与铁路工程、装备领域公司交叉持股，从出资人角度以资本联合形式促进铁路产业融合。

（1）与铁路工程类公司交叉持股。

我国铁路工程领域经过多年的探索和实践已形成一批具有现代企业制度的公司，其中成绩显著的主要包括中国中铁股份有限公司和中国铁建股份有限公司，除此之外，还有中国铁路设计集团有限公司（原铁道第三勘察设计院集团有限公司）。

① 中国中铁股份有限公司（简称中国中铁）成立于 2007 年 9 月 12 日，是由中国铁路工程总公司以整体重组、独家发起的方式设立的股份有限公司，总公司设股东会、董事会、监事会和经理层。

② 中国铁建股份有限公司（简称中国铁建），由中国铁道建筑有限公司独家发起设立，于 2007 年 11 月 5 日在北京成立，为国务院国有资产监督管理委员会管理的特大型建筑企业，总公司设股东会、董事会、监事会和经理层。

（2）与铁路装备类公司交叉持股。

我国铁路装备领域在现代企业制度方面已经进行了丰富实践，其

中成绩显著的主要包括中国中车股份有限公司、中铁高新工业股份有限公司和中国铁路通信信号股份有限公司。除此之外，铁路装备领域还包括中铁工程装备集团有限公司、唐山远通铁路装备制造有限责任公司、郑州铁路装备制造有限公司等装备公司等典型企业。

① 中国中车股份有限公司（简称中国中车，SH601776）是经国务院同意，国务院国资委批准，由中国北车股份有限公司、中国南车股份有限公司按照对等原则合并组建的 A+H 股上市公司，总公司设党委会、股东会、董事会和监事会。

② 中国铁路通信信号股份有限公司（简称中国通号）是轨道交通通信信号领域技术、产品和服务供应商，是中国轨道交通控制系统行业的先行者和领导者，是全球最大的轨道交通控制系统解决方案提供商，总公司设党委会、董事会和监事会。

③ 中铁高新工业股份有限公司（简称中铁工业，SH600528）是中国中铁深入贯彻党中央、国务院深化国企改革战略，优化国有资本配置，推动产业聚集和转型升级，重组整合中铁山桥、中铁宝桥、中铁科工和中铁装备成立的 A 股上市公司。它主要是由中国中铁一家工程领域企业整合所属装备类分（子）公司而形成的一家装备类企业，公司设党委、股东会、董事会和监事会。

以上公司均具有比较完善的现代企业制度，有利于铁路行业交叉持股的顺利开展。铁路国有企业之间交叉持股不会给铁路国有资本带来流失风险，或能降低改革成本，是铁路改革的一条新路径。铁路国企之间交叉持股能优化股权结构，实现股权的多元化，并以股权为纽带，加深铁路行业、企业之间的联系。建议加快铁总与铁路工程类和装备类公司交叉持股工作，形成利益共同体，实现多方资源的集合，构建牢固的战略联盟，提高铁路行业市场竞争力，以资本联合的形式促进铁路产业融合发展。

3. 铁总与"大交通"交叉持股

加快铁总与水运（港口）、航空、公路货运以及客运类公司交叉持股工作，以资本联合形式加强多式联运，促进"大交通"产业融合。部分公司类型及典型代表如表 6-1 所示。

表 6-1　部分公司类型及典型代表

公司类型	典型企业
港口公司	上海国际港务（集团）股份有限公司、天津港（集团）有限公司、宁波舟山港集团有限公司、广州港集团有限公司、河北港口集团有限公司
航空公司	中国国际航空股份有限公司、中国南方航空股份有限公司、中国东方航空股份有限公司、上海航空股份有限公司、海航集团、厦门航空有限公司、四川航空公司、深圳航空有限责任公司、山东航空股份有限公司
快递公司	顺丰速运、圆通快递、中通快递、申通快递、韵达快递、汇通快递、天天快递
公路货运公司	德邦物流股份有限公司、天地华宇物流有限公司、上海佳吉快运有限公司、新时代通成（上海）物流集团有限公司、天津大田集团有限公司和新邦物流有限公司
公路客运公司	江西长运股份有限公司、大众交通（集团）股份有限公司、南京中北（集团）股份有限公司、湖北宜昌交运集团股份有限公司、福建龙洲运输股份有限公司、新国线运输集团有限公司、北京首汽（集团）股份有限公司、上海芝新（集团）有限公司

　　铁总可以与上述公司进行资本融合。完成资本融合后，铁路运输与公路、水路和航空运输等企业联系更加紧密，为进一步促进多式联运创造有利条件。

　　4. 铁总与其他领域国有企业交叉持股

　　加快铁总与其他领域（主要是煤炭、钢铁、水泥、粮食等）国有大中型企业交叉持股，促进铁路与产业链上下游企业的全产业融合。

　　铁总与其他领域交叉持股应以铁总完成本级公司制改革为前提。在此之前，这种交叉持股需求只能现实地以业务合作而非资本融合的形式存在。2018 年 1 月 26 日，铁总所属 18 家铁路局集团公司与 50 家大型企业签署了年度运量运能"互保协议"（见专栏 6-3）。

互保协议让铁路运输供需双方充分发挥运输比较优势，对降低社会综合物流成本，具有积极意义。但互保协议没有使铁总与企业在运能运量上形成利益共同体，合作关系脆弱，一旦铁路运输企业价格稍有调整，就可能在很大程度上影响企业的效益，并最终损害运能运量互保协议形成的所谓"战略合作关系"，运输供需企业间的矛盾显而易见。

【专栏 6-3】　铁总与 50 家大型企业签署运量运能互保协议

2018 年 1 月 26 日，中国铁路总公司所属 18 家铁路局集团公司与 50 家大型企业在京签署年度运量运能互保协议。

铁总有关部门负责人介绍，党的十八大以来，中国铁路事业实现全面进步发展，五年来新增铁路营业里程 2.94 万千米，其中高铁 1.57 万千米，到 2017 年年底，全国铁路营业里程达 12.7 万千米，其中高铁 2.5 万千米，路网规模和质量迅速扩充和提高，大部分主要干线实现客货分线运输，为提高铁路客货运输能力提供了坚实保障；铁路技术经济水平全面跃升，主要运输指标稳居世界第一，特别是加快了科技创新步伐，高速铁路、既有线提速、重载铁路等技术均达到世界先进水平，大秦、瓦日等铁路重载技术能力世界领先，为铁路运输提供了技术装备支持；深入推进运输供给侧结构性改革，实现货物运输网上"一站式"办理，推出"门到门""站到站""站到门"等菜单式服务，客户体验大大提升。

该负责人表示，2017 年年底以来，铁总所属 18 家铁路局集团公司与 1 014 家大型企业进行了协商对接，已确定或达成意向的互保协议运量超过 20 亿吨，较去年协议运量增长 30%。铁路部门这次与大型企业签署运量运能互保协议，标志着铁总今年调整运输结构，增加铁路货运量战役提前展开。其目的就是要发挥铁路运输优势，加快多式联运发展，提高运输服务保障能力，降低全社会综合物流成本，为推动高质量发展、打好污染防治攻坚战做出应有贡献。

资料来源：http://finance.china.com.cn/industry/20180127/4525220.shtml。

例如，从 2016 年 2 月 4 日开始，铁总为应对一再下降的全国铁路煤炭运量，开始在全国铁路下调煤炭运价，每吨千米降低 1 分钱。即使下调了价格，当年中铁总货运收入也仅有 2 154.11 亿元，同比减少 6.83%。2017 年下半年，铁路货运量持续攀升。2016—2017 年，铁总所属多家铁路局集团公司逐步恢复基准运价，并进入上浮阶段，2018 年 1 月 14 日和 15 日，中国铁路哈尔滨、沈阳两大铁路局集团公司先后将煤炭运价上浮 10%，这一政策最终触动能源企业的利益，中国四大电力集团在 1 月 22 日迅速做出反馈，以迎峰度冬保供的关键时点上调运价不合时宜为由，联名要求国家发改委对上调运价的行为进行约束。

铁总与能源企业的矛盾已经显而易见，协议只能将双方关系固定为"伙伴"关系，远不是利益共同体。如果改为交叉持股，铁总持有几大发电企业的股份，便不会对发电企业的困难坐视不管；反之，若发电企业持有铁总未来改制企业的股份，也不会对其困难置之不理。

综上所述，加快铁总与其他领域（主要是煤炭、钢铁、水泥、粮食等）国有大中型企业交叉持股，实现多方资源的整合，提高企业市场竞争力，对于加快铁路混合所有制改革乃至相关领域的混合所有制改革均具有重要意义。

5．中铁总与地方国资的交叉持股

加快铁总与地方国有资本的交叉持股工作，促进铁路国有资本与地方国有资本有效融合。以江苏省铁路集团有限公司为例，江苏省铁路集团有限公司（下称江苏省铁路集团）由江苏铁路投资发展有限公司改建而成，注册资本在原有 70 亿元基础上逐步增资到 1 200 亿元。江苏省铁路集团是以江苏省为主投资铁路项目的投融资、建设、运营管理主体和国家干线铁路项目的省方出资主体，国有全资独立法人公司，实体化独立运作。预计未来 10 年内，省财政将投入 500 亿元用于江苏交通控股公司对江苏省铁路集团增资，壮大公司资本实力，增强公司投融资能力。[68]

以铁总公司制改制完成为前提，加强铁总与地方国有资本的交叉持股，积极探索铁路股权多元化改革，能以资本融合的方式进一步优化铁路国有资本布局结构，放大铁路国有资本功能，实现国有资产保值增值。

6．中铁总与非公有资本交叉持股

在我国，国有资本与其他企业交叉持股起源于 20 世纪 90 年代初。在当时资金匮乏的大环境下，通过法人相互持股的方式能使许多大型国有企业公司迅速达到上市要求的资本规模，且将股份制改革维持在公有制的基础上。截至 2012 年年底，中央企业及其子企业控股的上市公司共 378 家，上市公司中非国有股权的比例已经超过 53%；地方国有企业控股的上市公司 681 户，上市公司非国有股权的比例已经超过 60%。

从《中共中央、国务院关于深化国有企业改革的指导意见》（下称《指导意见》）可以看出，国家鼓励国有企业进行混合所有制改革并鼓励非公有资本参与并持有国有企业股份。《指导意见》提出，鼓励非公有资本投资主体通过出资入股、收购股权、认购可转债、股权置换等多种方式，参与国有企业改革重组或国有控股上市公司增资扩股以及企业经营管理。其中，出资入股、收购股权、认购可转债、股权置换等都可以作为铁路公司股权变动的方式，实际操作中可探索更多更灵活的方式，也可以是若干方式的组合。因此，铁总可依据相关政策进行混合所有制改革，鼓励铁路国有资本与非公有资本之间交叉持股，例如 2018 年 8 月 29 日中铁快运与顺丰成立中铁顺丰。

6.1.3 交叉持股与混合所有制的关系

混合所有制是国有资本、集体资本、非公有资本等交叉持股、相互融合，是基本经济制度的重要实现形式。交叉持股可以为混合所有制创造有利条件，但交叉持股和混合所有制并不对等。这是因为：① 国有资本之间的交叉持股对于完善铁路各领域公司的出资人制度、改善公司治理结构和公司运行机制方面具有重要意义，并为进一步引进其他各类社会资本进入铁路领域创造有利条件；② 只有在上述有利条件下,非公有资本才能比较方便地进入或者退出铁路各领域的企业,从而使铁路混合所有制改革具有现实可能性。目前,铁路公司普遍存在出资人制度不完善、现代化的公司治理结构未形成及公司运行效率不高等问题,严重阻碍了其他各类社会资本进入铁路领域,这也是非公有资本进入铁路混合所有制改革不太积极的重要原因。

上述交叉持股形式中,铁总系统内各公司交叉持股、铁总与铁路行业国有企业交叉持股以及铁总与其他领域国有企业交叉持股等都不属于混合所有制改革。可以看出,以上交叉持股都是在国有资本之间开展,并未有集体资本或非公有资本参与进来。

值得注意的是,铁路国有企业与混合所有制企业(国资控股或参股的企业,以及国资不参股的企业)共同出资举办新的企业,则新的企业应视为混合所有制公司。例如中铁顺丰,一方面该公司由中铁快运控股,可视为国有企业;另一方面该公司里面有顺丰的股权,应视为国有企业中的混合所有制企业。中铁顺丰混合型的特征是从顺丰控股继承或者传承下来的,这点与铁路国有企业之间交叉持股有着本质区别。

铁路国有企业之间交叉持股,为接下来稳妥有序地引入非公有资本实施铁路混合所有制改革创造了条件。例如,铁总与"大交通"中道路物流公司(一般为民营)、港口公司(一般为地方国资控股)、客运类公司(一般为民营)交叉持股,以资本联合形式加强多式联运。铁路混合所有制改革就是要鼓励非公有资本参与进来,为各类非公有资本参与运营类公司创造公平的环境,将铁总、各铁路局集团公司控股、参股运营类非上市的股份有限公司逐步转型成为社会资本控股、参股的股份有限公司。

6.2　铁路运营领域的混合所有制

按照铁路网运关系调整(即"基于统分结合的网运分离")"四步走"改革路径的有关构想[1],在保持三大专业运输公司国有资本控股

---

[1] 具体参见"铁路改革研究丛书"之《铁路网运关系调整研究》。

的基础上，铁总及 18 个铁路局集团公司孵化出的一大批运营公司将推向市场，全部为或改制为社会资本控股或参股的股份有限公司（若具备条件可上市），并允许各类社会资本进入铁路运营公司，铁路运营作为"竞争性业务"彻底面向市场开放（除军事运输和公益性运输外）。

由于含有国资股东的上市公司是理所当然的混合所有制公司，下面重点结合三大专业运输公司的实际，阐述其以整体上市、首次公开募股等方式实现混合所有制改革的有关构想。

6.2.1　建议中铁集整体上市

1．整体上市的优势

（1）有利于消除"一股独大"等弊端。

整体上市有利于改善铁路国有企业股权结构。"一股独大"极易导致第一大股东几乎完全支配上市公司的董事会、监事会和经理层，利用关联交易，拖欠上市公司巨额资金，掏空上市公司，侵占其他股东利益等问题。股权适度分散，可以有效防止"一股独大"的弊端。整体上市后，国有股在股权结构中的比重有所下降，股权结构更加合理，能够形成股东民主，有利于制衡大股东。

（2）有利于进一步优化国有资产配置、增强国企竞争力。

整体上市有助于进一步优化铁路国有资产的资源配置。资本市场是市场化程度和资源配置效率最高的地方，整体上市后，铁路运营公司成为直接面向资本市场的融资和经营主体，实现了企业资产的市场价值。管理层摆脱了获取资本的烦恼，可以聚精会神搞建设、一心一意谋发展，取得更好的经营绩效。整体上市有利于铁路运营公司拓展发展空间，增强盈利能力。整体上市后，铁路运营公司可以根据市场需求，遵循企业规律，实现业务多元化，大大拓宽发展空间。同时，依托资本市场融资窗口，铁路运营公司可以大大改善整个企业的财务状况和资金流量；通过优质资产的注入，铁路运营公司还可以提高盈利能力和资本运作能力，增强资本的组合效应。铁路运营公司可以把资金资源集中到总部层面，改变过去资金资源都沉淀在下面，总部手中没有资金资源、难以有效管控公司的状况。

（3）有利于优胜劣汰、促进行业整合。

铁路运营公司整体上市不仅有助于铁路国有企业发展，也利于社会主义市场经济的结构调整、产业升级。整体上市有利于市场优胜劣汰，程序公开透明。整体上市后，各种所有制控股的上市公司公平竞争、优胜劣汰，退市成为劣汰的主要形式，退市条件清晰明确，退市程序公开透明，退市结果公正公平。整体上市有利于促进行业整合。资本市场在资产定价、融资工具和支付手段等方面客观公允、灵活多样、优势明显，可以为行业整合提供高效的市场化平台。铁路行业多家运营公司整体上市，对企业边界再调整，可以冲破条块分割、各自为政的复杂产权关系，减少同业竞争和关联交易，节约整个社会的交易成本，享受规模经济和协同效应带来的好处。

2．建议中铁集通过铁龙物流整体上市

中铁铁龙集装箱物流股份有限公司成立于1993年2月，前身为大连铁龙实业股份有限公司。1998年5月，公司在上海证券交易所挂牌上市，股票简称"铁龙股份"，股票代码"600125"，是中国铁路系统第一家A股上市公司。2004年，公司大股东变更为中铁集装箱运输有限责任公司，公司也因此更名为"中铁铁龙集装箱物流股份有限公司"，股票简称变更为"铁龙物流"。截至2018年第一季度，铁龙物流前十名股东持股情况如表6-2所示。

铁龙物流不断在治理结构、管理体制和经营机制上进行变革和深化，将资本市场和铁路产业进行有效整合，已经形成了以铁路特种集装箱物流业务、铁路货运及临港物流业务、铁路客运业务为主，以房地产开发、商品混凝土生产与销售等业务为补充的主辅多元化经营格局，发展成为资产质量优良、主营业务突出、盈利能力强、管理现代化的全国性企业集团，独家拥有中国铁路特种集装箱业务的经营权和全路最大的特种集装箱保有量。

铁龙物流作为中铁集装箱属下唯一的一家上市公司，具有完善的现代企业制度，总公司设股东大会、董事会、监事会和经理层。建议未来其母公司中铁集装箱陆续将较好的资产和业务注入铁龙物流中来，进一步实现中铁集装箱公司通过铁龙物流整体上市。

表 6-2　铁龙物流前十名股东持股情况

股东总数/户		125 369			
前十名股东持股情况					
股东名称（全称）	期末持股数量	比例	质押或冻结情况		股东性质
			股份状态	数量	
中铁集装箱运输有限责任公司	207 554 700	15.90%	无	—	国有法人
大连铁路经济技术开发有限公司	184 193 104	14.11%	无	—	国有法人
香港中央结算有限公司	26 989 478	2.07%	未知	—	其他
中央汇金资产管理有限责任公司	15 758 200	1.21%	未知	—	国有法人
科威特政府投资局——自有资金	15 211 491	1.17%	未知	—	境外法人
陈品旺	11 580 000	0.89%	未知	—	境内自然人
方正证券股份有限公司	11 316 100	0.87%	未知	—	其他
邓潮泉	11 010 505	0.84%	未知	—	境内自然人
招商证券股份有限公司	5 100 500	0.39%	未知	—	其他
中国农业银行股份有限公司——中证 500 交易型开放式指数证券投资基金	4 858 524	0.37%	未知	—	其他

6.2.2　建议中铁快运、中铁特货借壳上市

1．借壳上市的定义

借壳上市是非上市公司通过把资产注入一家市值较低的已上市公司（壳公司），得到该公司一定程度的控股权，并利用其上市公司地位，使本公司的资产得以上市的做法。

例如，2017 年 2 月 24 日顺丰借壳鼎泰新材上市。首先，鼎泰新材完成了重大资产置换，作价 8.1 亿元置出原公司资产；其次，发行股票购买资产，以每股 10.76 元、发行 39.5 亿股总计 425 亿元购买顺丰控股 100% 的股权；最后，募集配套资金，以每股 11.03 元、发行 7.25

亿股募资不超过 80 亿元配套资金，用于顺丰控股航材购置及飞行支持项目、冷运车辆与温控设备采购项目、信息服务平台建设及下一代物流信息化技术研发项目、中转场建设项目。

2．借壳上市的步骤

中铁快运、中铁特货旗下还没有上市公司，因此可以采取借壳上市的方式进行。借壳上市可以分为以下几个步骤进行：

（1）准备阶段。

选择壳公司，中铁快运、中铁特货应根据业务需要，选择一家上市公司。选择财务顾问，即选择一家投资银行，为借壳上市的运作提供财务咨询和建议，这样便可处理可能发生的复杂的法律和行政事务。

（2）收购阶段。

通过内部协议转让方式来实现收购。我国目前上市公司股本结构中国家股、法人股所占比例较大，采用这种方式可以大大降低收购成本，因此它应是中铁快运、中铁特货集团借壳上市的首选方式。

（3）壳公司的整理即资产转移。

收购成功后，应对壳公司的财务、业务经营、人事安排等进行调整。首先，应向壳公司选派管理人员，进行必要的人事调整；其次，与壳公司员工进行沟通；最后，通过管理制度、经营方式及企业文化等方面的融合，在财务及业务经营等管理上对壳公司进行整合。

3．借壳上市的优势

借壳上市方式相对直接上市而言，具有四大优势。

（1）借壳上市可以缩短上市的时间成本，减少交易成本，交易迅速、确定，快速实现上市。众所周知，我国证监部门对申请上市的企业会进行一系列的审核，这一过程需要耗费大量时间成本，采用"借壳"来实现上市只需与壳方进行必要的交涉，这样便可使企业尽快实现上市。

（2）借壳上市的企业无须向社会公开自己企业的各项指标，在一定程度上可以增强企业的隐蔽性。直接上市的企业需要在上市前向社会公布自己的各项指标，包括盈利水平、资金数量等，而借壳上市无须如此。

（3）控制上市定价与价值，而并非由市场决定。

（4）允许在较后时间进行筹资，定价较为明确。

6.2.3　建议新的运营公司在具备条件时直接上市（IPO）

首次公开募股（Initial Public Offerings，IPO）是指公司通过证券交易所首次公开向投资者增发股票，以期募集用于企业发展资金的过程[69]。

铁路运营类业务属于充分竞争性业务（铁路军事运输和公益性运输除外），应彻底面向市场开放。按照现代企业制度孵化、整合而成若干个类似三大专业运输公司的货运运营公司，应稳妥有序地引入其他国有资本、集体资本、民营资本，形成产权多元化的现代企业治理结构。通过相关法律保障，逐步调整（主要是逐步减少）总公司、各铁路局集团公司的股权比例，为各类社会资本参与运营类公司创造公平的环境，将总公司、各铁路局集团公司控股、参股运营类非上市的股份有限公司逐步转型成为社会资本控股、参股的股份有限公司。

在铁路网运关系调整阶段，将上述客货运营公司直接上市（IPO）①。需要在全国范围内形成多家上市公司的原因在于以下几项。

（1）中国铁路运营领域的资产规模极其巨大，考虑到单个资本市场承受能力有限，铁路运营类资产 IPO 应面向包括中国 A 股在内的全球资本市场，运营公司具有一定数量将有利于此项工作的开展。

（2）这些上市的运营公司公司应承担再融资的职能，可能需要经常性地停牌，从而面向社会开展募资活动，并且根据相关监管规定，相邻两次募集资金应间隔较长时间（18 个月）方可进行，数量太少不

---

① 作者初步框算，如果能在全国范围内形成约 300 家左右的运营类上市公司，并且中铁总及 18 个铁路集团公司能够通过资本市场流转所持上述公司的股份，那么按照我国上市公司 150 亿元的平均市值规模水平（2011年度为 171 亿元、2012 年度为 129 亿元），以上股权流转可实现约 4.5 万亿元的收益，基本能够覆盖铁路负债。

便该类活动的开展。

在实现股权流转之后，若条件具备，应立法禁止中铁总及 18 个铁路集团公司直接面向货主或旅客从事客、货运业务，强制中铁总以及各铁路局集团公司（除军事运输和公益性运输外）彻底退出运营类公司，其目的在于为各类社会资本参与运营类公司创造公平环境。以上观点可参阅本丛书的《铁路网运关系调整研究》一书。

6.3 铁路路网领域的混合所有制

6.3.1 路网领域的交叉持股

在实现网运分离之后，由铁总实施全国路网整合，以期在条件成熟时成立由路网资产组成的中国铁路路网（集团）有限责任公司（或股份有限公司）。现有各铁路局集团公司继续保留并成为路网公司的子公司，各铁路局集团公司的调度所可作为路网公司的数个区域调度中心（或派出机构）。整合后的路网公司将减少或消除目前各铁路局集团公司之间基于自身利益的相互纠缠，有利于在保证安全正点的前提下，以提高效率为首要目标。

接下来应着重完善路网公司的出资人制度、改善公司治理结构和公司运行机制，加快路网公司与铁路工程、装备、水运（港口）、航空、公路和其他领域（主要是煤炭、钢铁、水泥、粮食等）国有大中型企业交叉持股工作。

路网领域交叉持股的目的在于：① 从出资人角度以资本联合形式促进产业融合，实现多方资源的整合；② 优化股权结构，实现股权的多元化，并以股权为纽带，加深企业之间的联系；③ 构建牢固的战略联盟，提高企业整体市场竞争力，对于后续的铁路路网的混合所有制改革具有重要意义。

6.3.2 基于交叉持股的混合所有制改革

整合后的路网公司是选择国有独资还是发展混合所有制，是一个值得思量的问题：① 如果路网公司是国家独资公司，即只有国家出资人（财政部或国资委或中铁国投），那么中铁路网就是有限责任公司；② 如果除了国家出资人（财政部或国资委或中铁国投）还有多家国有企业出资，那么中铁路网既可以是有限责任公司也可以是股份有限公司；③ 如果除了国家出资人（财政部或国资委或中铁国投）和其他国有企业的资本之外，还有其他社会资本，此时路网公司表现为一个混合所有制企业，那么以股份有限公司为宜。

作者认为：① 如果强调在路网领域提供公共产品、承担社会责任、维护国家安全等属性，且路网领域长期以国有独资的形式建设发展，形成了庞大的国有资产，在进行混合所有制改革时把控不当可能会出现国有资产流失，那么路网公司可以继续保持国有独资的法律形式；② 如果考虑到混合所有制是社会主义基本经济制度的主要实现形式，在保持国家控制力的同时，路网公司采用混合所有制公司的法律形式不仅能够促进铁路现代企业制度的建立，增强企业活力，而且能够扩大国有资本控制力，增强企业抗风险能力，因此在路网领域发展国有控股的混合所有制也具有积极意义。

本书建议，如果铁路国家所有权政策认为允许路网公司不以国有独资公司的形式存在，那么有必要择机实施路网公司混合所有制改革。基于铁路路网基础性地位和对国家经济安全等重要战略地位，路网混合所有制改革应当由国有资本绝对控股、各类社会资本参股。

路网层面的混合所有制改革可以利用铁总实际控制的广深铁路股份有限公司（下称广深铁路）和大秦铁路股份有限公司（下称大秦铁路）两家上市公司运作（见专栏 6-4）。

【专栏 6-4】

1. 广深铁路股份有限公司

广深铁路股份有限公司于 1996 年 3 月在中国深圳市注册成立。1996 年 5 月，公司发行的 H 股（股票代码：0525）和美国存托股份（ADSs）（股票代码：GSH）分别在香港联合交易所有限公司（香港联交所）和纽约股票交易所（纽约交易所）上市；2006 年 12 月，公司发行的 A 股（股票代码：601333）在上海证券交易所上市。该公司主要经营深圳—广州—坪石段铁路客货运输业务及长途旅客列车运输业务，并与香港铁路有限公司合作经营直通车旅客列车运输业务。该公司是铁路改革试点企业，是目前中国唯一一家在上海、香港和纽约三地上市的铁路运输企业，治理结构较为规范。

截至 2018 年第一季度，该公司的前三名股东分别为中国铁路广州局集团有限公司（持股 37.12%）、HKSCC NOMINEES LIMITED（持股 21.47%）和中央汇金资产管理有限责任公司（持股 1.21%）。

2. 大秦铁路股份有限公司

大秦铁路股份有限公司于 2004 年 10 月 26 日成立，10 月 28 日在国家工商总局注册。公司于 2006 年 7 月在国内资本市场公开发行 A 股股票，并于 8 月 1 日在上海证券交易所正式挂牌交易，成为中国铁路首家以路网核心干线为主体的上市公司，搭建了铁路通过资本市场融资的平台，标志着铁路投融资体制改革取得重大突破。2010 年公司成功收购资产规模 328 亿元的原太原铁路局运输主业资产及相关股权，其中利用公开增发 18.9 亿股 A 股股票，募集资金 165 亿元，创下了资本市场非金融股发行量最大的纪录。公司股东总体呈现机构投资者为主体的格局，持股集中度较高，稳定性较好。

截至 2018 年第一季度，该公司的前三名股东分别为中国铁路太原局集团有限公司（持股 61.70%）、中国证券金融股份有限公司（持股 4.90%）和香港中央结算有限公司（持股 2.49%）。

由于大秦铁路和广深铁路具有上市公司的"身份"，因此可以不断向资本市场发行股份，购买非上市公司的铁路路网资产，并逐渐把中国铁路路网资产打包装入大秦铁路和广深铁路两家上市公司。在大秦铁路和广深铁路两家上市公司基本掌握全国路网的股份后，可以参考中国北车和中国南车合并（见专栏 6-5），将大秦铁路和广深铁路两家上市公司合并，成立中铁路网集团股份有限公司（18 个铁路局集团公司在分离出运营业务后成为中铁路网的子公司）。

【专栏 6-5】 中国南车北车合并案例

2015 年，原中国南车集团和中国北车集团以换股方式吸收合并重组为中国中车股份有限公司（中国中车），截至 2014 年 9 月末，中国南车总资产为 1 509.12 亿元，中国北车总资产为 1 529.31 亿元，即合并后总资产将超过 3 300 亿元。本次合并采取中国南车换股吸收合并中国北车的操作方式。合并后新的"中国中车股份有限公司"将使用新的组织机构代码、股票简称和代码，并将承继及承接中国南车与中国北车的全部资产、负债、业务、人员、合同、资质及其他一切权利与义务。两家公司在交易完成之前将继续独立运作。

本次合并已分别取得中国南车董事会和中国北车董事会审议批准，尚需获得中国南车和中国北车各自的股东大会等审议通过，以及国务院国资委、中国证监会、香港证监会、香港联交所、商务部、境外反垄断审查机构等有关监管机构的批准或核准。

1. 南车北车企业简介

（1）中国南车。

中国南车全名中国南车集团公司，前身是中国南方机车车辆工业集团公司，经国务院批准，从原中国铁路机车车辆工业总公司分离重组，于 2000 年 9 月组建成立国有独资大型集团公司，2010 年 3 月 9 日更名为中国南车集团公司。

中国南车主要从事铁路机车车辆和城市轨道交通车辆及相关产品的设计制造，在我国轨道交通装备行业中具有重要的行业地位和行业影响力。中国南车集团公司下属 27 个子企业，分布在全国 10 个省、市，2006 年年末资产总额为 323 亿元，员工 9 万人，2006 年实现销售收入 271 亿元，控股上市公司中国南车股份有限公司，控股中国南车集团襄阳牵引电机有限公司等公司，主要核心资产已经注入中国南车股份有限公司。

（2）中国北车。

中国北车股份有限公司简称中国北车，是经国资委批准，由中国北方机车车辆工业集团公司联合大同前进投资有限责任公司、中国诚通控股集团有限责任公司和中国华融资产管理公司，于 2008 年 6 月 26 日共同发起设立的股份有限公司，主营铁路机车车辆、城市轨道车辆、工程机械机电子的研发、设计、制造、修理、服务业务。2012 年 4 月 4 日，中国北车获得孟加拉国的内燃动车组项目牵引及网络控制系统的配套合同。

综上所述，中国南车集团和中国北车集团，前身是由同一家企业中国铁路机车车辆工业总公司分裂而形成的。两所公司从事同一行业，资产规模相当，且市值及其资本资产构成相类似。针对此次案例研究，中国南车集团与中国北车集团的合并属于同行业"对等合并"。

2. 合并动机及原因分析

通过上文对中国南车、中国北车的简介不难发现，两家企业"师出同门"。中国铁路机车车辆工业总公司自 2000 年从铁道部划转到国资委以后，同年以地域将其划分成为现在的中国南车、中国北车这两家兄弟公司，当时的目的是在市场中引入竞争机制，使这一对兄弟公司可以在相互竞争中得到发展。但现在国资委有了取消重来的意思，南车北车合并的动机大致可以分为以下两点。

（1）国家有意推销高铁，让高铁事业走出国门，已经成为中国外汇创收的重要战略之一。国家总理李克强在 2013—2014 年，先后出访泰国、澳大利亚、中东欧、非洲、英国、美国、德国等多个国家和地区，都有提出推动高铁等先进技术设备走出国门，拓展高铁技术项目的交流往来。

（2）两家公司为争夺业务发生竞争，产生内耗的尴尬局面。所谓"本是同根生，相煎何太急"，近几年只为行业内部竞争，导致两家公司各自利益受损的事件屡见不鲜。在国内，地铁等城市建设板块两家公司争抢不休。在恶性竞争的情况下，地铁车辆毛利率过低，两家公司为了扩大规模不断扩大国定资产规模，并有产能过剩的风险。在国外竞争中，2013 年的两家公司在阿根廷恶意性竞争，导致中国南车以半价抢单。

3. 合并方案及过程描述

（1）合并方案。

2014 年 12 月 30 日，中国南车、中国北车公布了合并方案，方案中提出此次合并采取的是南车吸收合并北车的合并方式，并在合并后新公司拟名为"中国中车"。

2014 年 10 月 28 日，两家公司同时发布了在 10 月 27 日开始停牌的公告，并在 10 月 31 日和 11 月 28 日发布继续停牌的公告，此次停牌声称为"筹划重大事项"公告。

公告中指出，吸收合并的具体方式为，中国南车向中国北车全体 A 股换股的股东发行中国南车 A 股股票，H 股的换股股东同样发行中国南车 H 股股票，拟发行的 A 股与 H 股股票分别在上交所和香港联交所上市流通。之后，中国北车 A 股以及 H 股市场发行的股票予以注销。

公告称"合并后，新公司（中国中车）承继及承接中国南车和中国北车的全部资产、负债、业务、人员、合同、资质及其他一切权利与义务，从而实现双方对等合并的行为"。本次合并中，中国南车和中国北车的 A 股和 H 股拟采用同一换股比例进行换股，以便同一公司 A 股和 H 股股东之间可以获得公平的对待。本次合并具体换股比例为 1∶1.1，即每一股中国北车 A 股可以换取 1.1 股的中国南车即将发行的中国南车 A 股股票，每一股中国北车 H 股可以换取 1.1 股的中国南车即将发行的中国南车 H 股股票。

本次合并涉及的资产总额占合并双方各自 2013 年度经审计的合并财务会计报告期末资产总额的比例达到 50% 以上，资产净额占合并双方各自 2013 年度经审计的合并财务会计报告期末净资产额的比例达到 50% 以上且超过 5 000 万元，合并一方最近一个会计年度所产生的营业收入占另一方同期经审计的合并财务会计报告营业收入的比例达到 50% 以上。公告称，按《重组办法》第十二条的规定，本次合并构成上市公司重大资产重组。

（2）合并具体过程。

2014 年 12 月 29 日，中国南车和中国北车的董事会审议通过合并事宜。

2014 年 12 月 31 日，中国南车和中国北车发布合并预案。

2015 年 3 月 3 日，获得国务院国资委对本次合并的批准。

2015 年 3 月 9 日，合并方案获得中国南车和中国北车 A 股和 H 股股东的审议通过。

2015 年 3 月 11 日，中国南车和中国北车的合并通过了境外反垄断审查。

2015 年 4 月 28 日，获得证监会对本次合并涉及的相关事项的核准。

2015 年 5 月 7 日，中国南车和中国北车停牌进行换股工作。

2015 年 6 月 8 日，中国南车和中国北车合并，改名中国中车复牌上市。

4. 合并财务及行业影响

中国南车集团和中国北车集团最终完成了合并，拟名为"中国中车"。据后续的勘察与考究发现，此次合并无论是对两家企业自身，还是对整个高铁行业以及今后中国高铁产业在国际市场的竞争地位的影响都是举足轻重的。

对于企业自身而言，无论是中国南车还是中国北车，自 2000 年分裂以来，两家公司就处于该行业的巨头地位，可谓是"雄踞一方"。本次合并后，两家公司无论是企业规模、业务规模、市场规模都较为相似，在市场中处于一种寡头垄断地位，双寡头合并所产生的化学反应是惊人的，此次合并一致被市场普遍看好。

从财务角度进行分析，南北车合并可以实现统一的整合采购及销售体系，实现企业的规模效益：核心零部件自给、提升采购议价能力，达到节约成本提升毛利率；整合提升研发能力，减少重复研发支出，控制产能过剩。据 2014 年数据显示，南北车研发支出分别占营业收入的 4.33% 和 3.06%，合并可减少重复的研发支出；在核心专利研究方面，中国北车拥有抗高寒特点的 MVBC 芯片、IGBT 核心部件及"北车之心"NECT 专利，中国南车有抗湿热的大功率机车核心生产技术以及 CRH380A 动车专利，企业合并利于专利资源共享，同样有助于减少研发支出。从市场价值角度分析，2015 年中国南车 PE 值为 12.5，中国北车为 12.3，估值明显偏低。根据国泰君安的预期估值和增长率，在考虑到南北车合并的协同效率作用下，合并后最终盈利能力会高于合并前企业盈利毛利率南车 20.96% 以及北车 18.86%。

在公司停牌期间，高铁行业相关股票的股价涨幅高达 150%，中国北车在公司换股前的复牌期间股价也出现了巨幅补涨，而且此次并购的主导方是中国国资委，本次合并采取的换股方式吸收合并也利于中国南车为快速增长、扩张海外市场进行的上市融资，并引发了 2015

年 3 月至 4 月份，中国中车的持续股价暴涨带动 A 股市场利好行情，享有"中国神车"美名。

而对于中国高铁行业在国际高铁市场上的竞争态势，此次合并很好地杜绝了曾经南北车集团在国际市场的恶性竞争，合并后的中国中车将在国外市场里更富有竞争力与利润率的竞标价格，随着中国国体改革倡导的高铁技术走出国门，走向世界更加彰显品牌效应，利于提升国际市场份额。在国际市场的竞争中，其主要对手包括德国西门子、法国阿尔斯通、日本川崎重工、加拿大庞巴迪等。据 2015 年 4 月 16 日市场数据统计，中国北车 A 股市值 3 896 亿元人民币、H 股市值 420 亿元港币；中国南车 A 总市值 4 093 亿元人民币、H 股总市值 373 亿元港币，据此可以推算出"中国中车"总市值约为 1 390 亿美元。则更据 2014 年全球福布斯 2000 企业排行榜数据演示，德国西门子市值为 1 142 亿美元、法国阿尔斯通市值为 91 亿美元、加拿大庞巴迪为 67 亿美元、日本川崎重工为 63 亿美元。由此可以看出，中国高铁"巨无霸"已经横空出世！

考虑到广深铁路在公司治理方面具有更大的自主权，并且具有较多的收购经验，因此建议在实际条件成熟时采用广深铁路收购大秦铁路的方式进行收购，合并方案建议如下。

广深铁路吸收合并大秦铁路，并将合并后的新公司拟名为"中铁路网集团股份有限公司"（简称"中铁路网"）。吸收合并的具体方式为，广深铁路向大秦铁路全体 A 股换股的股东发行广深铁路 A 股股票，H 股的换股股东同样发行广深铁路 H 股股票，拟发行的 A 股与 H 股股票分别在上交所和香港联交所上市流通。合并过程中，大秦铁路和广深铁路的 A 股和 H 股拟采用同一换股比例进行换股，以便同一公司 A 股和 H 股股东之间可以获得公平的对待。之后，大秦铁路 A 股以及 H 股市场发行的股票予以注销。

合并后，新公司（中铁路网集团股份有限公司）承继及承接了大秦铁路和广深铁路的全部资产、负债、业务、人员、合同、资质及其他一切权利与义务，从而实现双方对等合并的行为。本次合并涉及的资产总额占合并双方各自年度经审计的合并财务会计报告期末资产总额的比例达到 50% 以上，资产净额占合并双方各自年度经审计的合并财务会计报告期末净资产额的比例达到 50% 以上且超过 5 000 万元，合并一方最近一个会计年度所产生的营业收入占另一方同期经审计的合并财务会计报告营业收入的比例达到 50% 以上。按《重组办法》第十二条的规定，本书建议的上述方案将构成上市公司重大资产重组。

6.4　本章小结

本章主要提出了铁路混合所有制改革的实施路径，包括从"交叉持股"到"混合所有制"，铁路运营公司混合所有制以及铁路路网公司混合所有制，以供铁路混合所有制改革参考。

本书认为，交叉持股的形式包括：① 铁总系统内各公司交叉持股；② 铁总与铁路行业国有企业交叉持股；③ 铁总与"大交通"交叉持股；④ 铁总与其他领域国有企业交叉持股；⑤ 铁总与地方国资交叉持股；⑥ 铁总与非公有资本交叉持股。

本书建议：① 铁路运营属于全面放开的竞争性业务，应积极引入社会资本进入，形成各类社会资本交叉持股、相互融合的现代企业股权结构；② 铁路路网关系到国家安全和国民经济命脉，在保持国有资本控股地位的前提下，鼓励非国有资本参股。

第 7 章

铁路混合所有制：保障机制

本章主要阐述我国铁路混合所有制改革的各项保障措施，从加强顶层设计、政策保障、法律保障、宣传保障和人才保障等方面进行论述，并阐述政府、财政部（或国资委）和国家铁路局在铁路混合所有制改革中的作用，从而为顺利推进铁路混合所有制改革提供制度保障。

7.1 加强顶层设计

目前，铁路混合所有制改革正在稳步推进，铁路混合所有制改革涉及经济社会各方面的利益，按照铁路改革顶层设计的构想[①]，我们建议在国家铁路改革咨询委员会下设铁路混合所有制专门委员会，该机构作为国家铁路改革咨询委员的一个专门委员会，承担统筹协调铁路混合所有制改革的各项工作。

7.2 加强政策保障

推进铁路国有企业混合所有制改革，需要国家加大政策支持，鼓励采用股权投资方式推进铁路混合所有制改革。目前，铁路国有企业混合所有制改革已取得一定的成效，坚持开放融合、合作共赢，发挥铁路资产资源优势，积极推进铁路资产资本化、股权化、证券化，努

---

① 具体参见"铁路改革研究丛书"之《铁路改革保障机制研究》。

力增强国铁资本的控制力，扩大资本溢出效应。

（1）在资产证券化方面，已形成控股合资铁路公司资产证券化框架方案和实施意见，正在积极有序地推进试点工作。

（2）在市场化法治化债转股方面，目前已初步确定第一批合资公司作为债转股备选公司，将尽快与合作银行研究提出具体实施方案。

（3）在推进上市公司再融资方面，对铁总所属的 3 个上市公司增发新股条件、可行性等进行专题研究，拟通过资本市场进一步募集权益性资金。

（4）对铁总所属的 3 个专业运输公司，加强上市可行性和方案研究，做好上市前期准备工作。

（5）对铁路局集团公司所属的资产质量优良、市场发展前景好的公司，鼓励启动上市工作，推动资产资本化、股权化、证券化。

接下来进一步推进铁路混合所有制改革，国家应完善支持铁路混合所有制改革的政策。

（1）鼓励拓展与铁路运输上下游企业的合作，采取国铁出资参股、设立合作平台公司等方式，促进铁路资本与社会资本融合发展。

（2）探索股权投资多元化的铁路混合所有制改革新模式，对具有规模效应、网络优势的国铁资产资源进行重组整合，吸收社会资本入股，建立市场化运营企业。

（3）凡是市场主体基于自愿的投资经营和民事行为，只要不属于法律法规禁止进入的领域，且不危害国家安全、社会公共利益和第三方合法权益，不得限制进入。

（4）完善铁路工商登记、财税管理、土地管理、金融服务等政策。

（5）依法妥善解决铁路混合所有制改革涉及的铁路国有企业职工劳动关系调整、社会保险关系接续等问题，确保铁路职工队伍稳定。

7.3 加强法律保障

《中共中央关于全面推进依法治国若干重大问题的决定》指出：实现立法和改革决策相衔接，做到重大改革于法有据、立法主动适应改革和经济社会发展需要。混合所有制经济发展关乎基本经济制度的生机与活力，必须坚持运用法治思维和法治方式推动混合所有制改革，正确把握改革于法有据与立法适应改革的辩证统一关系，努力实现改革与立法的良性互动。[71]

7.3.1　铁路依法进行混合所有制改革

1．立法决策要主动适应和服务混合所有制改革需要

从国家层面讲，重大改革决策都是党中央做出的，立法对改革决策实际上处于适应、服务的地位。中共十八届三中全会决定推出的一系列改革举措，经全国人大常委会法工委认真研究梳理，改革领域涉及现行法律 139 件，需要制定、修改和废止的立法项目 76 件。推进铁路国有企业混合所有制改革，需要加快建立健全混合所有制经济相关法律法规和规章，加大法律法规立、改、废、释工作力度，完善法律授权，确保改革于法有据。

2．推进铁路混合所有制改革要善于运用法律

发展混合所有制的法律框架大体上已经清晰，可以说是有法可依。在铁路混合所有制改革过程中，尤其需要以法治思维和法治方式破难题、涉险滩，始终坚持重大改革于法有据，坚持依法依规、依法授权。

要落实《国务院关于国有企业发展混合所有制经济的意见》要求，严格规范操作流程和审批程序，在组建和注册铁路混合所有制企业时，要依据相关法律法规，规范铁路国有资产授权经营和产权交易等行为，健全清产核资、评估定价、转让交易、登记确权等国有产权流转程序。

改革决策机制要充分体现法治精神，把公众参与、专家论证、风险评估、合法性审查、集体讨论决定等确定为重大行政决策法定程序，建立重大决策终身责任追究制及责任倒查机制，确保决策制度科学、程序正当、过程公开、责任明确。要善于运用法治方式协调利益关系，化解矛盾，破解难题，维护稳定，用法治规范保障改革成果。

7.3.2 铁路国有企业依法重组

铁路改革的目标是政企分开、企业重组和市场经营，其中最主要也是难度最大的目标是企业重组。企业重组是铁路混合所有制改革应该解决的问题，即铁路运输企业按照什么模式重组、用什么方式进行重组，才能充分整合铁路资源、提高铁路国有企业的经营效益。铁路国有企业重组不是简单的企业资产、人员、结构的调整，更重要的是一个重塑企业法人、建立市场竞争主体的过程。如果没有符合铁路实际的法律文件加以指导和规范，则铁路重组就有可能变成行政机关任意调整企业资产的行为。

因此，在铁路国有企业重组的大目标确定以后，必须运用法律手段规范重组行为，保证重组的成功。铁路改革法律规范要解决的主要问题，包括政府对铁路的管理和铁路国有企业重组，要通过法律明确铁路国家所有权政策，确保铁路改革有法律基础。[72]

7.3.3 铁路混合所有制企业依法治理

铁路混合所有制企业要通过市场化手段实现依法治理，需要以法律的形式进行规范。产权是所有制的核心，也是公司治理的基础。铁路混合所有制企业应尊重资本属性，按规范的公司治理制度来治理。要坚持资本所有权到位，依法保护各类股东权益，建立健全现代企业制度，由多元股东通过市场化手段依法治理公司，实现股权平等、依法协商、平等保护。要规范铁路国有企业股东会、董事会、经理层、监事会和党组织的权责关系，按章程行权，对资本监管，靠市场选人，依规则运行，形成定位清晰、权责对等、运转协调、制衡有效的法人治理结构。铁路国有资本要尽可能回归到资本保值增值的天性，在混合所有制企业中，依法按章与其他资本形式平等协商。

7.4 加强宣传保障

加强舆论宣传，做好政策解读，对铁路混合所有制改革的顺利推进具有重要作用。其主要任务是阐述铁路混合所有制改革的目标和方向，通过对国情、路情与运输市场的分析，逐渐统一社会各界对铁路混合所有制改革的必要性和紧迫性的认知。与此同时，还应该深入开展宣传思想工作，积极解释疑惑，引导干部职工理解改革、支持改革，确保队伍稳定，高效开展铁路运输、铁路建设和经营开发，为改革的顺利推进提供有力保障。为配合铁路国有企业混合所有制改革，提供舆论支持，公司各级党委和宣传、新闻部门应加大改革宣传的力度，充分调动广大干部和工人拥护改革、参与改革的积极性，使社会公众、铁路职工、铁路客户等利益相关者了解和支持铁路混合所有制改革。

纠正模糊认识在铁路改革过程中尤为重要，因而错误或不全面的认识会阻碍改革进程，对社会产生负面影响。以铁路混合所有制改革与私有化的关系为例。在铁路混合所有制改革中，铁路走向市场是铁路总公司成立以后推出的一项重大改革，是铁路适应经济社会发展的重大举措，也是铁路实现可持续发展的必然选择。然而部分干部、职工和群众由于对铁路混合所有制改革缺乏了解，认为铁路混合所有制改革是铁路私有化，因而反对铁路改革。事实上，我国铁路混合所有制改革是在确保国家对铁路路网绝对控制的前提下积极探索推进混合所有制，中铁路网的最终实现形式将是具有完善现代企业制度和混合所有制特征，并由国有资本绝对控股的（集团）股份有限公司，这并非将铁路私有化。

为了改善和纠正人们对于铁路改革的模糊和错误认识，我们应该加强舆论宣传，使公众了解并支持铁路混合所有制改革。

7.5　加强人才保障

加强铁路混合所有制改革的人才保障，关键在于混合所有制企业的市场化人才选聘制度、激励和约束机制的建立。

7.5.1　推行混合所有制职业经理人制度

在铁路混合所有制改革中，政府的角色从"管企业"到"管资本"

的转变，实际也是对企业具体事务如人事决策的放权。这其中就涉及在完善的法人治理架构前提下，引入职业经理人管理企业，并加大市场化选聘力度，实现干部"能上能下"；建立市场化用工机制，实现员工"能进能出"。在现实操作中，可能"新人新政策，老人老办法"的双轨制将过渡一段时间。在招聘了职业经理人之后，要留住人才，成为企业的"事业合伙人"，还必须建立人才能发挥才智的舞台和机制，在考核以及培育上下功夫，并配合市场化的激励和约束机制。

推行职业经理人制度，关键在于"去行政化"，真正把职业经理人作为一种"职业"而不是"官位"，从根本上废除铁路国有企业经理人员的国家干部身份和行政任命制带来的弊端。推行职业经理人制度当前最急需解决的问题是职业经理人来源问题。一方面，长期沿袭的铁路国有企业领导人员管理体制导致铁路经营者角色错位，现有经营管理者向职业经理人转化需要一个过程；另一方面，市场上符合要求的真正意义上的职业经理人还非常稀缺，铁路权力制衡机制和激励机制的缺失也使一些职业经理人望而却步。选拔职业经理人要坚持内部培养和外部引进相结合，国资监管机构重点从现有经营管理人员中培养、提拔职业经理人，有序推动现有经营管理者向职业经理人整体转换。铁路混合所有制企业董事会要按照职权重点通过市场化方式选聘职业经理人，实行任期制和契约化管理，上级党组织及国资监管机构党委在此项工作中发挥确定标准、规范程序、参与考察、推荐人选等作用。

7.5.2 激励和约束机制

市场化的约束激励机制是铁路改革的热点之一。铁路国有企业领导人员收入应与职工收入、企业效益、发展目标形成联动，行业之间和企业内部形成更加合理的分配激励关系。不仅要有激励机制，也应引入业绩挂钩、财务审计和信息披露、延期支付、追索扣回等约束机制，规范高管行为。市场实践中常见的长期激励工具多种多样，有基于现金的奖金池计划、股票分红权计划等，也有基于福利的退休金计划、医疗保险计划，更有基于真实股权的员工持股计划等。应根据监管环境及市场实践、铁路国有企业目前的发展阶段及未来的战略规划、目前的财务状况及未来的预期（主要考虑公司的现金流）以及激励对象的预期，选择适合的长期激励工具及其组合。

7.6 其他配套措施

7.6.1 政府在铁路混合所有制改革中的作用

在市场经济中，全能型政府功能的弱化是发展的趋势，但政府在铁路国有企业产权改革中也具有不可替代的独特作用。从理论上讲，这种作用体现在三个方面：一是作为铁路改革规则的制定者，提供相关制度安排；二是作为铁路产权的所有者，确保改革过程中的所有者权益；三是作为社会利益的协调者，维护社会公平。

具体到铁路混合所有制改革，政府的作用可概括为：① 政府首先要把铁路改革相关的政策明确下来，做出适合社会主义市场经济的制度安排，使得在改革过程中完善产权转让体系，使得铁路国有企业产权转让的过程能够有章可循。② 铁路混合所有制改革的核心问题是尽快完善国有资产管理的组织体系，使铁路资产的持有者清晰到位。③ 协调好改革中利益相关者的关系，处理好铁路混合所有制改革带来的负面效应，实现公平与效率的均衡。

政府职能转变是发展社会主义市场经济的必然要求，也是推进铁路产权改革的重要因素。政府的职能应体现出有限、有效且有为的要求，具体职能可概括为三点：① 剥离政策性和社会性负担；② 建立统筹的社会保障制度；③ 构建社会信誉体系。

1. 剥离政策性和社会性负担

在铁路国有企业产权改革中，政府最重要的是用其统一的事权来解决铁路国有企业的政策性负担，为铁路国有企业轻装上阵、参与产权改革创造环境。政策性负担不消除，政府就不得不继续提供各种明的或暗的补贴，职业经理人也就难以让铁路国有企业在竞争性的市场中获得大家可接受的利润。相反，政策性负担剥离后，铁路国有企业经营的好坏就是经理自己的责任，国家也就不再负有提供保护和补贴的责任（铁路公益性补偿除外），政府和铁路国有企业之间在经济利益相关性上的职责与权利将十分明晰。

2．建立统筹的社会保障制度

社会保障制度是社会的"安全网"，建立健全社会保障制度可以减少铁路改革的阻力和成本。铁路改革是利益关系和利益格局的重大调整，铁路国有企业产权改革更是直接关系到相关利益群体的切身利益。改革举措实施的时间、空间、力度、强度、速度都会引起社会心理的不同程度的变化。从利益相关者对改革的态度取向看，社会保障已经逐步成为稳定社会的"支柱性"力量，成为构建社会安全体系的重要组成部分。

因此，构建一个相互协调、体系完整、体现多层次的社会保障制度是推进铁路国有企业改革的重要力量，重点要使现行制度适应未来改革发展的市场化取向，促使企业的"单位人"向"社会人"转变，使社会保障真正从企业化向社会化转变。

3．构建社会信誉体系

一方面应确立政府的形象。政府作为公有产权的所有者，应该对铁路国有资产负责。政府作为全民利益的代表者，应对铁路国有资产产权主体的变更负责，否则会在一定程度上产生信任危机，并导致公众担忧铁路改革中潜在的国有资产流失。

另一方面应促进信誉体系的建立。铁路国有企业产权改革对完全市场信息提出了很高的要求，如果铁路国有企业缺乏信誉，会制约信息传递的效率，而这不仅是造成铁路国有企业产权交易中出现负面影响的重要因素，也是国有企业产权改革后能否在市场公平竞争中增强实力的重要环境缺陷。构建社会信誉，为铁路国有企业产权改革创造有利条件已经成为当务之急。我国信誉体系的建立还处于初步的、很不成熟的阶段，任何一个经济主体、组织和个人都无能力承担这项巨大的社会工程，政府的指导和扶持不可或缺。

7.6.2　财政部（或国资委）在铁路混合所有制改革中的作用

完善铁路国有资产管理体制，财政部（或国资委）应有针对地解决铁路国有企业产权改革中暴露的问题，尤其应从健全用人机制和构建高效的国有资产管理体制两方面进行改革和创新。

1．健全用人机制

财政部（或国资委）作为出资人的职责之一是依照规定向所出资的企业派出监事会，并依照法定的程序对所出资的企业的负责人进行任免与考核，然后依据考核结果对其进行奖惩。

（1）财政部（或国资委）的监管职能。

从对企业的过程控制角度看，铁路国有企业的负责人对企业的情况最了解，他们对企业的日常经营管理决定着企业的发展轨迹和方向，他们的能力和敬业精神对企业的生死存亡起着至关重要的作用，因此，建立好激励和约束相结合的选任、用人机制，从某种程度上看关系到铁路国有企业产权改革以后企业的未来发展。

财政部（或国资委）可以对铁路国有企业以详细的业绩合同授权于董事会代行管理铁路国有资产，要求董事会对该部分国有资产的保值增值负责，并承担政府的政治经济等社会目标，同时在不干预铁路国有企业日常经营管理的前提下，要求监事会成员对企业的经营活动进行必要的跟踪监督，应以"管资本"为主提高资本配置和运营效率，实现国有资产出资人对铁路国有企业的过程监控。授权后的财政部（或国资委）集中精力建立起一套科学合理、简便可操作的业绩评价指标体系，承担起对铁路国有企业负责人的最终考核、奖惩责任，实行对董事会和监事会的问责制，对造成铁路国有企业重大损失的人员进行处罚直至移交司法机关处理。

（2）财政部（或国资委）的委派职能。

在铁路混合所有制改革中，财政部（或国资委）是铁总的出资人，并且向铁总委派董事（中管干部除外），因此，财政部（或国资委）要把好人才任用关。财政部（或国资委）以出资人的身份给铁路国有企业选派中高级管理人员时应做到以下几点：

① 按照资产管理和人员管理相统一的原则，由财政部（或国资委）制定一定的规则，出面组织一个由政府官员、相应的经济学家、法学家、管理学家和技术专家，以及部分人大代表参加的专门委员会，依法公开选聘委派人员。

② 财政部（或国资委）组织选聘并委派的经营管理者，将按照市场经济对企业经营管理者的要求行使自身的职责，按照现代企业理论，"市场里的企业是人力资本与非人力资本的一个特别合约"，在构建国有资产管理体系的过程中，必须以"经济人"假设为前提，承认大多数人在一定的约束条件下追求个人利益最大化的自私本性，要重视企业人力资本的私有产权特性，承认企业家对个人人力资本拥有产权，创新国有企业对经营管理人员的任用和考核机制。

③ 结合中国特色社会主义市场经济的特殊性，派出的监事或监事会主席可以与派出的党委成员统一，以压缩管理层，提高工作效率。

2．构建高效的国有资产管理体制

在铁路国有企业内部，构建科学合理的法人治理机构是提高企业市场竞争能力的重要条件之一，财政部（或国资委）对铁路国有企业产权改革后企业良性运作的作用不可替代。要按照现代企业制度的要求，结合中国特色社会主义的国情，在铁路国有企业逐步建立和有序推广股东会、董事会、监事会和经理层的架构，明确各自的职责和行为规范；积极探索多元化产权主体下铁路国有产权相对控股企业的法人治理结构的基本框架及其运行模式，保持国有经济在其中发挥与其产权比例相当的控制力，达到"四两拨千斤"的经济效果；渐进地探寻铁路国有资本非控股条件下国有经济参与方式，为铁路国有资本战略上能进能退、能伸能缩做好机制准备。

7.6.3　国家铁路局在铁路混合所有制改革中的作用

在铁路混合所有制改革中，谁来监督国有资产的最终处置者，即谁来监督财政部（或国资委），就是一个呼之欲出的重大理论和现实问题。例如，产权定价是一个专业性的问题，仅凭"人大"的一般性监督显然是不够的，从操作层面看，这种监督也很难发挥作用。这就需要设计一个新的制度，设立一个独立于财政部（或国资委）之外的监督者，对财政部（或国资委）主导的国有企业产权交易进行监督。显然，这个监督者应该是一个专业的监督人，其中除了监督国有企业产权改革的程序，更重要的是监督产权价格以及产权的定价方式。

从《国内投资民用航空业规定（试行》（民航总局令第 148 号）可以看出，民航总局同意几大航空公司国有股权进一步下降，给几大航空公司混合所有制改革创造了有利条件。可见，有关监管属于民航总局的职责。参照这一实践，可以将监督职责授予国家铁路局，其作为监督审查机构，监管整个铁路行业，机构的审查成本应当统一由财政支出，以确保审计的独立性和公正性。国家铁路局可以聘请专业人士组成项目小组，分别对财政部（或国资委）已经同意的国有企业产权价格进行评估。如果评估的结果确认价格在合理的范围内，则铁路国有资产可以买卖；否则就应该重新定价。国家铁路局的职责应该包括以下几项。

（1）监督全部铁路国有资产管理部门定期提交的铁路国有资产平衡表。现在每个企业都有资产表，但整个国有资产大盘子没有一个国有资产的平衡表，没有一个监督管理所有资产的平衡表，这显然是不合适的。铁路国有资产平衡表需要涵盖资产、收益、分配和发展等方面的内容，这需要一个统一的、具体的构架。

（2）决定铁路国有资产形成收入的使用和分配。铁路国有企业的利润很大程度是资源性收入，这些收入怎么分配，怎么利用，谁来决定，多少利润返还给企业，多少利润拿出来搞公共建设，必须有一套合理的规则。

（3）决定保留多少经营性资产，拿出多少经营性资产来发展。如何运用国有资产及其收益，为社会福利的最大化和国家利益的最大化服务。

7.6.4　防止铁路国有资产流失

铁路国有资产流失是一种资产转移和资产价值损失现象，它主要包括铁路国有资产产权主体发生非法变更和国有资产产权收益非正常损失两种状况。前者涉及司法程序，不属于本书研究的范围，本书主要研究后一种情形。

铁路国有企业产权改革是一种提高资源配置效率的做法，但是，由于其中涉及利益关系的调整甚至是国有产权主体的变更，改革又成了一个关乎公平的问题。显然，国有资产流失是一个既无效率、又损公平的现象，国有资产流失的危害毋庸置疑，这里也不赘述。在铁路混合所有制改革中如何防止铁路国有资产流失就是一个值得深入研究的、影响效率和公平的重要课题。

1．防止铁路国有资产流失的基本原则和基本思路

（1）在基本原则上，防止铁路国有资产流失要兼顾效率和公平。

客观地观察经济生活，没有公平的效率不能持久，而没有效率的公平也不能持久。如何达到社会公平，可分为三个层次：① 通过程序（过程）的公平，达到结果的公平，这是人们最希望得到的；② 在结果很难确定时，至少程序是公平的（如司法程序、选举程序等）；③ 不管通过什么程序（过程），只要结果是公平的，人们也能够接受。如果程序不公平，结果也不公平，问题可能会比较严重。

（2）在基本思路上，防止铁路国有资产流失需要把握好改革中的关键环节，并加快相关方面的立法工作。

在实践中，要防止铁路混合所有制改革过程中出现的铁路国有资产流失，必须控制好四个关键因素：① 出资人切实负起责任，要制定必要的产权交易规则，明确产权交易过程要合规、公开、透明，产权改革方案要广泛和充分地听取职代会意见，并经过债权人同意；② 要力求产权交易价格的确定合理和公平；③ 管理层参与收购时，应回避决策过程；④ 管理层和员工持股的资金来

源要合法。具体来讲就是，加紧国有资产监管法、国有资本运营法和国有企业改革法的立法工作，其中：监管法解决体制、职责问题；运营法解决国有资产转为国有资本经营运作问题；改革法解决国有企业的内部体制和治理问题。法律法规的建设，可以在地方上进行适度的试验，形成地方法规，然后变成中央法规，变成法律。

2．防止铁路国有资产流失的途径

防止铁路国有资产流失的解决之道就是寻找一个全国统一、公开交易、市场竞价的产权改革规则，至少要做到交易方式公开、交易程序公平、交易结果公正。

（1）公开交易方式。

铁路国有企业产权改革的本质是要处置原来法理上属于公众的资产，公共政策问题必须重视公众意志。任何交易的"价格均衡"都是买方与卖方之间的"博弈"，而目前一些国有资产交易的卖方权力不受制约，导致"国有资产流失"时有发生。如果不公开，那么，不管出售价格高低都有铁路资产流失的嫌疑。铁路国有企业实际出售价格的高低本身在这里是次要的，公众同意和公开出售才是首要的。在西方国家，资产流失问题没有成为重大问题，就是因为它们的出售是公开的。德国甚至大规模地用政府补贴的方式出售国有企业，但没有人指责存在国有资产流失问题。因此，从社会可承受程度看，国有企业产权交易的关键在于产权交易必须公开。

当然，公开方式的选择必须有利于企业未来的发展。有时信息完全透明恰恰是企业的大忌。在铁路国有企业进行混合所有制改革之时，如果我们公布铁路国有企业全部信息，那么很可能造成企业正常秩序被打乱。铁路国有企业产权交易中信息公开的时机和方式必须因势而动，以社会公众的要求为出发点。但是，信息公开的危害性也不能成为暗箱操作的借口和理由。

（2）公平交易程序。

首先，交易程序的公平是起点的公平。铁路国有企业产权改革只有起于"公平分家"，才能形成和谐的氛围，实现共同发展。其次，找到一种尽可能有利于、而不是有损于大多数人的方式是实现公平的重要措施。"效率源于竞争，竞争要有规则，规则必须公正。"铁路国有企业产权改革是一种"所有者缺位的看守者交易"，只有在"所有者"对"看守者"形成有效的委托与监督代理关系的情况下，这种交易才能成为合法的"代理人交易"。当然，起点平等也并不等于起点平均，在此过程中铁路各阶层都有利益表达的机制、都有集体谈判的功能与参与博弈的途径，能够发出自己的声音，表达自己的诉求，由此形成的配置即使最终并不平均，也会为公众所接受。

但是，交易程序公平的立足点不能追求所谓的"最优配置"，而只能追求最公平的配置。配置的优化应该在产权明晰后通过公平的市场竞争来实现，在此之前以权力指定"优者"并使其拥有特殊"配置"不仅是非正义的，而且也不合逻辑。此外，交易程序公平源于目标的定位，问题不在于铁路国有资产与民间资本之间的流向，而在于这种流向是否符合公平正义。美国每年都有数目惊人的私人财产与遗产被自愿捐献给公益基金，谁也不认为这样的"化私为公"构成"私有财产流失"或者对"私有制"的侵犯，因为所谓保护财产所有权，就是保护财产所有者的意志受到尊重，而绝不是说财产不可转移。所谓公共财产不可侵犯，就是要尊重作为公共财产所有者的公众的处分意志，亦即公共财产不能违背公意地被某些人私占私吞。

（3）公正交易结果。

首先，公正的交易结果需要经过相关公证机构的公证，必要的公证不仅能从交易程序和交易过程等角度再次检验交易的公平性，而且也使交易结果更具备公信力，因而使得交易的结果更具备合法性和约束力。其次，铁路产权改革涉及的制度安排不仅仅是卖给谁的问题，其核心实质既是定价问题，也是当前铁路国有企业产权改革中急需解决的问题。铁路国有企业产权如何定价，表面上看是一个技术性问题，但因为涉及铁路国有资产的重新分配，涉及民营企业参与并购活动，涉及原有铁路国有企业职工的利益，涉及资本市场投资者的利益，涉及全体纳税人的利益，其实质是一个制度安排问题。制度安排既包括定价方式，也包括公司价值的第三者评估和转让价格的社会监督等问题。这个制度安排既要保证铁路产权转让顺利进行，还要保证价格合理，不至于损害社会公平。

但是，铁路国有产权是公共财产，公共财产是涉及全体公民利益的财产，将公共财产面向公众转让，里里外外都涉及公众利益，难免会有铁路国有资产流失之嫌。铁路国有资产流失更多地应该关注外资并购中的国有资产流失。对于战略性产业和重要企业，要明确进入的方式和深度；对于重大外资并购的方案，要经过专项评估和论证并实行政府审批制度。片面强调"全民所有"向"国民个体"的所谓国有资产流失，有忽视作为卖方的公众利益的嫌疑，本质上还是对公共财产与私有资产的不平等对待。因此，从某种意义上讲，防止铁路国有资产流失和防止私有资产流失并举才是符合当前构建和谐社会潮流的可行举措。

7.7　本章小结

本章主要提出了铁路混合所有制改革的各项保障机制及配套措施。

保障机制包括顶层设计、政策保障、法律保障、宣传保障和人才保障等方面，同时阐述了政府、财政部（或国资委）和国家铁路局在铁路混合所有制改革中的作用。

本书建议，首先从加强顶层设计、政策保障、法律保障、宣传保障和人才保障等方面完善铁路混合所有制改革保障机制；其次应加强其他配套措施的改革，明确政府、财政部（或国资委）和国家铁路局在铁路混合所有制改革中的作用；最后应防止铁路国有资产流失。

第 8 章 结论与展望

8.1 主要研究内容

本书作为铁路改革研究丛书中的一本，重点研究了铁路基于产权多元化的混合所有制改革，主要包含混合所有制的理念与实践，以及铁路混合所有制的总体思路、实施路径与保障机制等相关问题。

本书主要研究内容如下。

（1）理论准备：主要阐述了本书所涉及的产权与国有产权的含义与特征，全民所有制、集体所有制、混合所有制以及国有资产流失等理论。

（2）政策演进：我国国企混合所有制改革的推进源自中国共产党对国企改革相关政策的制定和引导，经历了偏国营阶段、股份制探索阶段、混合经营发展阶段、经营主体市场化阶段四个阶段。同时，分析了国企混合所有制改革发展困境，包括管理层持股障碍、员工持股障碍以及理性对待混合所有制持股问题。

（3）企业实践：银行、电信、航空等行业结合自己的优势和特点，吸收其他资本持股，建立了混合所有制企业，提高了国有资本配置和运行效率，也给予其他资本进入公司的机会，使得管理和决策科学。实践证明了混合所有制经济存在的合理性，其发展规模和效益充分说明了混合所有制作为深化经济体制改革选择的可行性和必然性。

（4）总体思路：首先，从铁路混合所有制改革契机和改革优势两方面，分析了铁路混合所有制改革的必然性；然后，基于铁路混合所有制改革的基本原则、改革目标、基本要求等，阐述了铁路混合所有制的基本思路。

（5）实施路径：首先，从交叉持股的优势、实施路径以及交叉持股与混合所有制的关系三方面展开论述；其次，重点阐述了铁路运营和路网两个领域的混合所有制改革构想。

（6）保障机制：主要阐述了我国铁路混合所有制改革的各项保障措施，从加强顶层设计、政策保障、法律保障、宣传保障和人才保障等层面进行论述，明确了政府、财政部（或国资委）和国家铁路局在铁路混合所有制改革中的作用。

8.2 主要研究结论

铁路发展混合所有制经济是改革的必然趋势，也是响应国家积极发展混合所有制经济的必然要求。铁路发展产权多元化的混合所有制经济是增强铁路国有资本实际控制力和竞争力，吸引社会资本积极参与铁路发展和建设的一个重要途径，实现国有资本与非国有资本有效"混合"。"混合"资本有利于企业科学管理、改善公司治理结构和激活铁路国有企业市场活力，实现铁路可持续健康发展。

本书主要研究结论如下。

（1）混合所有制能够盘活国有资产存量、促进国民经济快速增长，为实现政企分开创造了产权条件，为资金大规模聚合运作以及生产要素最优配置，为铁路国有企业顺利转制提供了有利的契机。

（2）我国国企改革从激进的控制权改革向渐进的所有权改革推进，形成了以国有和非国有两大类不同的经济成分在企业内部融合的国企混合所有制结构。混合所有制的出现存在于国企改革的每个阶段，只不过不同阶段混合所有制的占比、表现形式及对社会影响有所不同。

（3）银行、电信、民航等行业混合所有制改革的成果表明混合所有制是一种有效率的资本组织和运行方式，有利于推动各种所有制资本取长补短、相互促进、共同发展。铁路作为典型的网络型行业，结合自身特点，积极借鉴其他行业的实践启示，进行产权多元化的混合所有制改革是铁路改革的必要途径。

（4）铁路混合所有制改革应坚持混合所有制改革方向、坚持增强活力和强化监管相统一、坚持党对铁路国有企业的领导及坚持保证效率与兼顾公平相结合等原则。以放大铁路国有资本功能，提高铁路国有资本配置和运行效率，加强市场竞争，打破铁路行业垄断，完善铁路现代企业制度，健全企业法人治理结构，为解决铁路深层次问题创造有利条件为目标。进行统分结合的网运关系调整之后，再推进各运营公司和路网公司的混合所有制改革，有利于吸引社会资本分类进入铁路领域，深入推进铁路投融资体制改革。

（5）交叉持股的形式包括铁总系统内各公司交叉持股、铁总与铁路行业国有企业交叉持股、铁总与"大交通"交叉持股、铁总与其他领域国有企业交叉持股、铁总与地方国资交叉持股以及铁总与非公有资本交叉持股。铁路运营属于全面放开的竞争性业务，应积极引入社会资本，形成各类社会资本交叉持股、相互融合的现代企业股权结构；铁路路网关系到国家安全和国民经济命脉，在保持国有资本控股地位的前提下鼓励非国有资本参股。

（6）铁路混合所有制改革应从顶层设计、政策保障、法律保障、宣传保障和人才保障等层面完善相应的保障机制，同时应加强其他配套措施的改革，明确政府、财政部（或国资委）和国家铁路局在铁路混合所有制改革中的作用，为铁路混合所有制改革顺利进行提供制度保障。

8.3　未来研究展望

因铁路系统庞大、混合所有制改革涉及面广、牵涉利益较多等原因，本书关于铁路混合所有制改革的研究存在较多的薄弱环节，仍有一些问题亟须深入研究，包括但不限于以下几方面。

（1）混合所有制分类设计改革思路。铁路分为工程、装备、路网、运营和资本五大领域，铁路混合所有制应针对以上领域分类设计改革思路，例如路网是否适合混合所有制、如何进行混合所有制改革、国有资本和其他资本的混合比例等。

（2）探讨投融资体制改革与铁路混合所有制的关系。铁路混合所有制的形成有赖于投融资改革的进一步深化，即在资产结构优化的同时，着力建立铁路混合所有制。

（2）在混合所有制的基础之上，仍需进一步研究如何通过铁路混合所有制改革促进铁路产业的升级和结构的优化，以实现铁路关键企业的转型。

《国务院关于国有企业发展混合所有制经济的意见》（全文）

国发〔2015〕54号

各省、自治区、直辖市人民政府，国务院各部委、各直属机构：

发展混合所有制经济，是深化国有企业改革的重要举措。为贯彻党的十八大和十八届三中、四中全会精神，按照"四个全面"战略布局要求，落实党中央、国务院决策部署，推进国有企业混合所有制改革，促进各种所有制经济共同发展，现提出以下意见。

一、总体要求

（一）改革出发点和落脚点。国有资本、集体资本、非公有资本等交叉持股、相互融合的混合所有制经济，是基本经济制度的重要实现形式。多年来，一批国有企业通过改制发展成为混合所有制企业，但治理机制和监管体制还需要进一步完善；还有许多国有企业为转换经营机制、提高运行效率，正在积极探索混合所有制改革。当前，应对日益激烈的国际竞争和挑战，推动我国经济保持中高速增长、迈向中高端水平，需要通过深化国有企业混合所有制改革，推动完善现代企业制度，健全企业法人治理结构；提高国有资本配置和运行效率，优化国有经济布局，增强国有经济活力、控制力、影响力和抗风险能力，主动适应和引领经济发展新常态；促进国有企业转换经营机制，放大国有资本功能，实现国有资产保值增值，实现各种所有制资本取长补短、相互促进、共同发展，夯实社会主义基本经济制度的微观基础。在国有企业混合所有制改革中，要坚决防止因监管不到位、改革不彻底导致国有资产流失。

（二）基本原则。

——政府引导，市场运作。尊重市场经济规律和企业发展规律，以企业为主体，充分发挥市场机制作用，把引资本与转机制结合起来，把产权多元化与完善企业法人治理结构结合起来，探索国有企业混合所有制改革的有效途径。

——完善制度，保护产权。以保护产权、维护契约、统一市场、平等交换、公平竞争、有效监管为基本导向，切实保护混合所有制企业各类出资人的产权权益，调动各类资本参与发展混合所有制经济的积极性。

——严格程序，规范操作。坚持依法依规，进一步健全国有资产交易规则，科学评估国有资产价值，完善市场定价机制，切实做到规则公开、过程公开、结果公开。强化交易主体和交易过程监管，防止暗箱操作、低价贱卖、利益输送、化公为私、逃废债务，杜绝国有资产流失。

——宜改则改，稳妥推进。对通过实行股份制、上市等途径已经实行混合所有制的国有企业，要着力在完善现代企业制度、提高资本运行效率上下功夫；对适宜继续推进混合所有制改革的国有企业，要充分发挥市场机制作用，坚持因地施策、因业施策、因企施策，宜独则独、宜控则控、宜参则参，不搞拉郎配，不搞全覆盖，不设时间表，一企一策，成熟一个推进一个，确保改革规范有序进行。尊重基层创新实践，形成一批可复制、可推广的成功做法。

二、分类推进国有企业混合所有制改革

（三）稳妥推进主业处于充分竞争行业和领域的商业类国有企业混合所有制改革。按照市场化、国际化要求，以增强国有经济活力、放大国有资本功能、实现国有资产保值增值为主要目标，以提高经济效

益和创新商业模式为导向，充分运用整体上市等方式，积极引入其他国有资本或各类非国有资本实现股权多元化。坚持以资本为纽带完善混合所有制企业治理结构和管理方式，国有资本出资人和各类非国有资本出资人以股东身份履行权利和职责，使混合所有制企业成为真正的市场主体。

（四）有效探索主业处于重要行业和关键领域的商业类国有企业混合所有制改革。对主业处于关系国家安全、国民经济命脉的重要行业和关键领域、主要承担重大专项任务的商业类国有企业，要保持国有资本控股地位，支持非国有资本参股。对自然垄断行业，实行以政企分开、政资分开、特许经营、政府监管为主要内容的改革，根据不同行业特点实行网运分开、放开竞争性业务，促进公共资源配置市场化，同时加强分类依法监管，规范营利模式。

——重要通信基础设施、枢纽型交通基础设施、重要江河流域控制性水利水电航电枢纽、跨流域调水工程等领域，实行国有独资或控股，允许符合条件的非国有企业依法通过特许经营、政府购买服务等方式参与建设和运营。

——重要水资源、森林资源、战略性矿产资源等开发利用，实行国有独资或绝对控股，在强化环境、质量、安全监管的基础上，允许非国有资本进入，依法依规有序参与开发经营。

——江河主干渠道、石油天然气主干管网、电网等，根据不同行业领域特点实行网运分开、主辅分离，除对自然垄断环节的管网实行国有独资或绝对控股外，放开竞争性业务，允许非国有资本平等进入。

——核电、重要公共技术平台、气象测绘水文等基础数据采集利用等领域，实行国有独资或绝对控股，支持非国有企业投资参股以及参与特许经营和政府采购。粮食、石油、天然气等战略物资国家储备领域保持国有独资或控股。

——国防军工等特殊产业，从事战略武器装备科研生产、关系国家战略安全和涉及国家核心机密的核心军工能力领域，实行国有独资或绝对控股。其他军工领域，分类逐步放宽市场准入，建立竞争性采购体制机制，支持非国有企业参与武器装备科研生产、维修服务和竞争性采购。

——对其他服务国家战略目标、重要前瞻性战略性产业、生态环境保护、共用技术平台等重要行业和关键领域，加大国有资本投资力度，发挥国有资本引导和带动作用。

（五）引导公益类国有企业规范开展混合所有制改革。在水电气热、公共交通、公共设施等提供公共产品和服务的行业和领域，根据不同业务特点，加强分类指导，推进具备条件的企业实现投资主体多元化。通过购买服务、特许经营、委托代理等方式，鼓励非国有企业参与经营。政府要加强对价格水平、成本控制、服务质量、安全标准、信息披露、营运效率、保障能力等方面的监管，根据企业不同特点有区别地考核其经营业绩指标和国有资产保值增值情况，考核中要引入社会评价。

三、分层推进国有企业混合所有制改革

（六）引导在子公司层面有序推进混合所有制改革。对国有企业集团公司二级及以下企业，以研发创新、生产服务等实体企业为重点，引入非国有资本，加快技术创新、管理创新、商业模式创新，合理限定法人层级，有效压缩管理层级。明确股东的法律地位和股东在资本收益、企业重大决策、选择管理者等方面的权利，股东依法按出资比例和公司章程规定行权履职。

（七）探索在集团公司层面推进混合所有制改革。在国家有明确规定的特定领域，坚持国有资本控股，形成合理的治理结构和市场化经营机制；在其他领域，鼓励通过整体上市、并购重组、发行可转债等方式，逐步调整国有股权比例，积极引入各类投资者，形成股权结构多元、股东行为规范、内部约束有效、运行高效灵活的经营机制。

（八）鼓励地方从实际出发推进混合所有制改革。各地区要认真贯彻落实中央要求，区分不同情况，制定完善改革方案和相关配套措施，指导国有企业稳妥开展混合所有制改革，确保改革依法合规、有序推进。

四、鼓励各类资本参与国有企业混合所有制改革

（九）鼓励非公有资本参与国有企业混合所有制改革。非公有资本

投资主体可通过出资入股、收购股权、认购可转债、股权置换等多种方式，参与国有企业改制重组或国有控股上市公司增资扩股以及企业经营管理。非公有资本投资主体可以货币出资，或以实物、股权、土地使用权等法律法规允许的方式出资。企业国有产权或国有股权转让时，除国家另有规定外，一般不在意向受让人资质条件中对民间投资主体单独设置附加条件。

（十）支持集体资本参与国有企业混合所有制改革。明晰集体资产产权，发展股权多元化、经营产业化、管理规范化的经济实体。允许经确权认定的集体资本、资产和其他生产要素作价入股，参与国有企业混合所有制改革。研究制定股份合作经济（企业）管理办法。

（十一）有序吸收外资参与国有企业混合所有制改革。引入外资参与国有企业改制重组、合资合作，鼓励通过海外并购、投融资合作、离岸金融等方式，充分利用国际市场、技术、人才等资源和要素，发展混合所有制经济，深度参与国际竞争和全球产业分工，提高资源全球化配置能力。按照扩大开放与加强监管同步的要求，依照外商投资产业指导目录和相关安全审查规定，完善外资安全审查工作机制，切实加强风险防范。

（十二）推广政府和社会资本合作（PPP）模式。优化政府投资方式，通过投资补助、基金注资、担保补贴、贷款贴息等，优先支持引入社会资本的项目。以项目运营绩效评价结果为依据，适时对价格和补贴进行调整。组合引入保险资金、社保基金等长期投资者参与国家重点工程投资。鼓励社会资本投资或参股基础设施、公用事业、公共服务等领域项目，使投资者在平等竞争中获取合理收益。加强信息公开和项目储备，建立综合信息服务平台。

（十三）鼓励国有资本以多种方式入股非国有企业。在公共服务、高新技术、生态环境保护和战略性产业等重点领域，以市场选择为前提，以资本为纽带，充分发挥国有资本投资、运营公司的资本运作平台作用，对发展潜力大、成长性强的非国有企业进行股权投资。鼓励国有企业通过投资入股、联合投资、并购重组等多种方式，与非国有企业进行股权融合、战略合作、资源整合，发展混合所有制经济。支持国有资本与非国有资本共同设立股权投资基金，参与企业改制重组。

（十四）探索完善优先股和国家特殊管理股方式。国有资本参股非国有企业或国有企业引入非国有资本时，允许将部分国有资本转化为优先股。在少数特定领域探索建立国家特殊管理股制度，依照相关法律法规和公司章程规定，行使特定事项否决权，保证国有资本在特定领域的控制力。

（十五）探索实行混合所有制企业员工持股。坚持激励和约束相结合的原则，通过试点稳妥推进员工持股。员工持股主要采取增资扩股、出资新设等方式，优先支持人才资本和技术要素贡献占比较高的转制科研院所、高新技术企业和科技服务型企业开展试点，支持对企业经营业绩和持续发展有直接或较大影响的科研人员、经营管理人员和业务骨干等持股。完善相关政策，健全审核程序，规范操作流程，严格资产评估，建立健全股权流转和退出机制，确保员工持股公开透明，严禁暗箱操作，防止利益输送。混合所有制企业实行员工持股，要按照混合所有制企业实行员工持股试点的有关工作要求组织实施。

五、建立健全混合所有制企业治理机制

（十六）进一步确立和落实企业市场主体地位。政府不得干预企业自主经营，股东不得干预企业日常运营，确保企业治理规范、激励约束机制到位。落实董事会对经理层成员等高级经营管理人员选聘、业绩考核和薪酬管理等职权，维护企业真正的市场主体地位。

（十七）健全混合所有制企业法人治理结构。混合所有制企业要建立健全现代企业制度，明晰产权，同股同权，依法保护各类股东权益。规范企业股东（大）会、董事会、经理层、监事会和党组织的权责关系，按章程行权，对资本监管，靠市场选人，依规则运行，形成定位清晰、权责对等、运转协调、制衡有效的法人治理结构。

（十八）推行混合所有制企业职业经理人制度。按照现代企业制度要求，建立市场导向的选人用人和激励约束机制，通过市场化方式选聘职业经理人依法负责企业经营管理，畅通现有经营管理者与职业经理人的身份转换通道。职业经理人实行任期制和契约化管理，按照市场化原则决定薪酬，可以采取多种方式探索中长期激励机制。严格职

业经理人任期管理和绩效考核，加快建立退出机制。

六、建立依法合规的操作规则

（十九）严格规范操作流程和审批程序。在组建和注册混合所有制企业时，要依据相关法律法规，规范国有资产授权经营和产权交易等行为，健全清产核资、评估定价、转让交易、登记确权等国有产权流转程序。国有企业产权和股权转让、增资扩股、上市公司增发等，应在产权、股权、证券市场公开披露信息，公开择优确定投资人，达成交易意向后应及时公示交易对象、交易价格、关联交易等信息，防止利益输送。国有企业实施混合所有制改革前，应依据本意见制定方案，报同级国有资产监管机构批准；重要国有企业改制后国有资本不再控股的，报同级人民政府批准。国有资产监管机构要按照本意见要求，明确国有企业混合所有制改革的操作流程。方案审批时，应加强对社会资本质量、合作方诚信与操守、债权债务关系等内容的审核。要充分保障企业职工对国有企业混合所有制改革的知情权和参与权，涉及职工切身利益的要做好评估工作，职工安置方案要经过职工代表大会或者职工大会审议通过。

（二十）健全国有资产定价机制。按照公开公平公正原则，完善国有资产交易方式，严格规范国有资产登记、转让、清算、退出等程序和交易行为。通过产权、股权、证券市场发现和合理确定资产价格，发挥专业化中介机构作用，借助多种市场化定价手段，完善资产定价机制，实施信息公开，加强社会监督，防止出现内部人控制、利益输送造成国有资产流失。

（二十一）切实加强监管。政府有关部门要加强对国有企业混合所有制改革的监管，完善国有产权交易规则和监管制度。国有资产监管机构对改革中出现的违法转让和侵吞国有资产、化公为私、利益输送、暗箱操作、逃废债务等行为，要依法严肃处理。审计部门要依法履行审计监督职能，加强对改制企业原国有企业法定代表人的离任审计。充分发挥第三方机构在清产核资、财务审计、资产定价、股权托管等方面的作用。加强企业职工内部监督。进一步做好信息公开，自觉接受社会监督。

七、营造国有企业混合所有制改革的良好环境

（二十二）加强产权保护。健全严格的产权占有、使用、收益、处分等完整保护制度，依法保护混合所有制企业各类出资人的产权和知识产权权益。在立法、司法和行政执法过程中，坚持对各种所有制经济产权和合法利益给予同等法律保护。

（二十三）健全多层次资本市场。加快建立规则统一、交易规范的场外市场，促进非上市股份公司股权交易，完善股权、债权、物权、知识产权及信托、融资租赁、产业投资基金等产品交易机制。建立规范的区域性股权市场，为企业提供融资服务，促进资产证券化和资本流动，健全股权登记、托管、做市商等第三方服务体系。以具备条件的区域性股权、产权市场为载体，探索建立统一结算制度，完善股权公开转让和报价机制。制定场外市场交易规则和规范监管制度，明确监管主体，实行属地化、专业化监管。

（二十四）完善支持国有企业混合所有制改革的政策。进一步简政放权，最大限度取消涉及企业依法自主经营的行政许可审批事项。凡是市场主体基于自愿的投资经营和民事行为，只要不属于法律法规禁止进入的领域，且不危害国家安全、社会公共利益和第三方合法权益，不得限制进入。完善工商登记、财税管理、土地管理、金融服务等政策。依法妥善解决混合所有制改革涉及的国有企业职工劳动关系调整、社会保险关系接续等问题，确保企业职工队伍稳定。加快剥离国有企业办社会职能，妥善解决历史遗留问题。完善统计制度，加强监测分析。

（二十五）加快建立健全法律法规制度。健全混合所有制经济相关法律法规和规章，加大法律法规立、改、废、释工作力度，确保改革于法有据。根据改革需要抓紧对合同法、物权法、公司法、企业国有资产法、企业破产法中有关法律制度进行研究，依照法定程序及时提请修改。推动加快制定有关产权保护、市场准入和退出、交易规则、公平竞争等方面法律法规。

八、组织实施

（二十六）建立工作协调机制。国有企业混合所有制改革涉及面广、政策性强、社会关注度高。各地区、各有关部门和单位要高度重视，精心组织，严守规范，明确责任。各级政府及相关职能部门要加强对国有企业混合所有制改革的组织领导，做好把关定向、配套落实、审核批准、纠偏提醒等工作。各级国有资产监管机构要及时跟踪改革进展，加强改革协调，评估改革成效，推广改革经验，重大问题及时向同级人民政府报告。各级工商联要充分发挥广泛联系非公有制企业的组织优势，参与做好沟通政企、凝聚共识、决策咨询、政策评估、典型宣传等方面工作。

（二十七）加强混合所有制企业党建工作。坚持党的建设与企业改革同步谋划、同步开展，根据企业组织形式变化，同步设置或调整党的组织，理顺党组织隶属关系，同步选配好党组织负责人，健全党的工作机构，配强党务工作者队伍，保障党组织工作经费，有效开展党的工作，发挥好党组织政治核心作用和党员先锋模范作用。

（二十八）开展不同领域混合所有制改革试点示范。结合电力、石油、天然气、铁路、民航、电信、军工等领域改革，开展放开竞争性业务、推进混合所有制改革试点示范。在基础设施和公共服务领域选择有代表性的政府投融资项目，开展多种形式的政府和社会资本合作试点，加快形成可复制、可推广的模式和经验。

（二十九）营造良好的舆论氛围。以坚持"两个毫不动摇"（毫不动摇巩固和发展公有制经济，毫不动摇鼓励、支持、引导非公有制经济发展）为导向，加强国有企业混合所有制改革舆论宣传，做好政策解读，阐释目标方向和重要意义，宣传成功经验，正确引导舆论，回应社会关切，使广大人民群众了解和支持改革。

各级政府要加强对国有企业混合所有制改革的领导，根据本意见，结合实际推动改革。

金融、文化等国有企业的改革，中央另有规定的依其规定执行。

国务院

2015 年 9 月 23 日

参考文献

[1] 邹硕. 国有企业混合所有制改革对策研究[D]. 武汉：湖北工业大学，2016.

[2] 陈永杰. 混合所有制经济占比分析[J]. 中国金融，2014（8）：64-65.

[3] 国务院发展研究中心企业研究所，肖庆文. 混合所有制企业数量、类型和行业分布[N]. 中国经济时报，2016-02-01（5）.

[4] 丁关根. 加快改革，深化改革进一步发挥铁路大包干的威力[J]. 铁道运输与经济，1987（9）：4-8.

[5] 张文魁. 国有企业改革30年的中国范式及其挑战[J]. 改革，2008（10）：5-18.

[6] 中共中央. 中共中央关于全面深化改革若干重大问题的决定（2013年11月12日中国共产党第十八届中央委员会第三次全体会议通过）[J]. 求是，2013（22）：3-18.

[7] 发改委. 非国有资本进入国企投资项目将开展企业试点[EB/OL]. 中国新闻网[2018-07-10]. http：//www.chinanews.com/cj/2016/01-12/7712399.shtml.

[8] 谢军. 中国混合所有制企业国有产权管理研究[D]. 武汉：武汉理工大学，2013.

[9] 李明义，段胜辉. 产权经济学[M]. 北京：知识产权出版社，2008：155-160.

[10] 夏雅丽. 有限责任制度的法经济学分析[J]. 西安电子科技大学学报（社会科学版），2004（1）：74-79.

[11] 顾功耘. 国有经济法论[M]. 北京：北京大学出版社，2006.

[12] 费方域. 企业的产权分析[M]. 上海：上海人民出版社，1998.

[13] 胡汝银. 中国公司治理：当代视角[M]. 上海：上海人民出版社，2010.

[14] 张文魁. 中国国有企业产权改革与公司治理转型[M]. 北京：中国发展出版社，2007.

[15] 高谦. 资本结构与公司控制权安排研究[M]. 北京：中国金融出版社，2009.

[16] 胡汝银. 中国资本市场的发展与变迁[M]. 上海：格致出版社，2008.

[17] 王一江. 国家与经济——关于转型中的中国市场经济改革[M]. 北京：北京大学出版社，2007.

[18] 李国平. 中国经济出路在哪里?[M]. 浙江：浙江大学出版社，2012.

[19] 汪同三，郑玉散. 发展报告（2010）[M]. 北京：社会科学出版社，2010.

[20] 吴易风，关雪凌. 产权理论与实践[M]. 北京：中国人民大学出版社，2010.

[21] 李由. 公司制度概论[M]. 北京：经济科学出版社，2010.

[22] 吴宣恭，关雪凌. 产权理论与实践[M]. 北京：中国人民大学出版社，2010.

[23] 李强. 自由主义[M]. 长春：吉林出版集团有限责任公司，2007.

[24] 吴宣恭. 产权理论比较——马克思主义与西方现代产权学派[M]. 北京：经济科学出版社，2000.

[25] 张才国. 新自由主义意识形态[M]. 北京：中央编译局出版社，2007.

[26] 车卉淳，周学勤. 芝加哥学派与新自由主义[M]. 北京：经济日报出版社，2007.

[27] 纪坡民. 产权与法[M]. 上海：上海三联出版社，2005.

[28] 林光彬. 私有化理论的局限[M]. 北京：经济科学出版社，2008.

[29] 唐朱昌. 从叶利钦到普京：俄罗斯经济转型启示[M]. 上海：复旦大学出版社，2007.

[30] 罗煜. 基于产权多元化的我国国有企业改革研究[J]. 企业活力，2008（10）：20-22.

[31] BOARDMAN, ANTHONY, VINING A. Ownership and performance in competitive environment: a Comparison of the performance of private, mixed, and state-owned enterprises[J]. Journal of Law and Economics, 1989,（32）：58-68.

[32] 庄启东,申纪言,吴岩. 城镇集体所有制经济必须大力发展[J]. 经济研究，1980（4）：10-16.

[33] 林毅夫. 制度、技术与中国农业的发展[M]. 上海：上海人民出版社、上海三联书店，1994：21.

[34] 斯大林. 斯大林文选[M]. 北京：人民出版社，1962：85-86.

[35] 荣兆梓. 毛泽东突破斯大林模式的两次探索[J]. 学术界，2013（5）：48-64+282.

[36] 逢先知，金冲及. 毛泽东传（1949—1976）[M]. 北京：中央文献出版社，2003：1043.

[37] 程恩富，龚云. 大力发展多样化模式的集体经济和合作经济[J]. 中国集体经济，2012（31）：3-9.

[38] 陈锡文. 中国农村改革：回顾与展望[M]. 天津：天津人民出版社，1993：39-40.

[39] 吴敬琏. 当代中国经济改革[M]. 上海：上海远东出版社，2003：101.

[40] 张军，冯曲. 集体所有制乡镇企业改制的一个分析框架[J]. 经济研究，2000（8）：12-20+79.

[41] 李厚廷. 我国集体所有制的历史演进及其制度启迪[J]. 江苏师范大学学报（哲学社会科学版），2015（4）：126-131.

[42] 陈妩青. 基于财务视角混合所有制企业治理研究[D]. 蚌埠：安徽财经大学，2015.

[43] 谢军. 中国混合所有制企业国有产权管理研究[D]. 武汉：武汉

理工大学，2013.

[44] 金依媚. 国企混合所有制改革与企业活力研究[D]. 杭州：浙江财经大学，2016.

[45] 金晓燕. 国企混合所有制改革中的管理层持股探究[J]. 学习论坛，2016（02）：38-42.

[46] 杨建君. 大型国企混合所有制改革的关键环节[J]. 改革，2014（5）.

[47] 郑志刚. 国企公司治理与混合所有制改革的逻辑和路径[J]. 证券市场导报，2015（6）：4-12.

[48] 杨红英，童露. 国有企业混合所有制改革中的公司内部治理[J]. 技术经济与管理研究，2015（5）：50-54.

[49] 李魏晏子. 国企员工持股如何重启?[J]. 上海国资，2014（2）：101-103.

[50] 刘锡良，董青马. 我国银行改革的回顾与分析——基于银行与政府关系演变的视角[J]. 财经科学，2008（9）：1-8.

[51] 周慕冰，王志刚，刘锡良，等. 我国金融改革突破口的选择[J]. 财经科学，1984（6）：77-80.

[52] 孙小艺. 国有控股商业银行产权改革问题研究[J]. 时代金融，2014（9）：81-82.

[53] 沈常青. 论国有商业银行股改及面临的新挑战[J]. 今日财富（金融版），2008（2）：44-47.

[54] 吴晓灵. 中国金融体制改革 30 年回顾与展望[M]. 北京：人民出版社，2008：90.

[55] 戴小平. 商业银行学[M]. 上海：复旦大学出版社，2008：322.

[56] 邢华彬. 国有商业银行产权与治理结构创新研究[D]. 天津：南开大学，2014.

[57] 陈义海. 我国电信企业产权制度改革研究[D]. 太原：山西财经大学，2008.

[58] 秦玄. 中国民航运输业发展改革研究[D]. 成都：西南财经大学，2010.

[59] 张帆. 模拟竞争市场的建立和生长——中国民用航空运输业的

管制改革和市场竞争[M]. 北京：北京大学出版社，2000，210.

[60] 周成. WTO 来了——"长不大的孩子"要长大[J]. 中国民航报. 2000.

[61] 中国民航局. 中国民航改革开放三十周年回顾[EB/OL]. 中国民用航空局 [2018-07-10]. http://www.caac.gov.cn/A1/200812/t20081219_20911.html.

[62] 李保民. 产权多元化是发展混合所有制经济的重要途径[J]. 产权导刊，2013（12）：5-7.

[63] 王荣梅俊彦. 厉以宁：混合所有制重在资本控制力[N]. 中国证券报. 2014-03-03（A04）.

[64] 人民出版社. 中共中央关于全面深化改革若干重大问题的决定[M]. 北京：人民出版社，2013.

[65] 李国荣. 大型国有企业产权多元化改革问题研究[D]. 武汉：华中科技大学，2007.

[66] 甘培忠. 论公司相互持股的法律问题[J]. 法制与社会发展，2002（5）：69-80.

[67] 王樱洁. 母子公司交叉持股问题研究[D]. 长沙：湖南师范大学，2013.

[68] 网易. 江苏省铁路集团正式揭牌 注册资本 1200 亿元[EB/OL]. 网易财经.（2018-05-18）[2018-10-10]. http://money.163.com/18/0519/12/DI5U0ED9002580S6.html.

[69] 程志强. 国有企业改革和混合所有制经济发展[M]. 北京：人民日报出版社，2016.

[70] 上海国资. 混合所有制的机制保障[J]. 上海国资，2016（12）：82-83.

[71] 段海. 以法治思维和方式推进混合所有制改革[J]. 现代国企研究，2015（21）：19-22.

[72] 孙林. 关于完善铁路立法有关问题探讨[J]. 铁道运输与经济，2001（6）：9-10.

后 记 ....

　　本书是铁路改革研究丛书中的一本，主要涉及铁路混合所有制研究。

　　2013 年中共十八届三中全会上明确提出了要积极发展混合所有制经济、鼓励国有经济和非国有经济融合等关于混合所有制改革的新提议。产权改革将成为新一轮国有企业体制改革的重心，随着全面深化改革的不断深入，产权改革逐渐呈现出更多、更新的内涵。以产权改革来实现国有经济的战略性制度调整，将极大地完善我国的基本经济制度、提升国有经济的运行效率。

　　目前，我国铁路国有企业所有制形式较为单一，铁总系统的企业国有资本均保持较高比例，铁路国有资本总体影响力与控制力极弱，亟须通过混合所有制改革扩大国有资本控制力，扩大社会资本投资铁路的比重。发展铁路混合所有制不仅可以放大铁路国有资本功能，提高国有资本配置和运行效率，还能够提升铁路国有企业的竞争力。

　　本书立足于全面深化国有企业改革事业的宏观高度，借鉴其他行业的混合所有制改革处置方式，结合我国国情、路情以及相关政策，对铁路混合所有制改革进行深入研究和探讨，提出我国铁路混合所有制改革的思路与实施路径，并阐述相应的保障机制。就现代化企业而言，混合所有制代表了两方面内容，一方面是财产的相关组织形式，另一方面是企业内部经营的方式。本书着重阐述了财产的相关组织形式，包括铁总系统内各公司交叉持股、铁总与铁路行业国有企业交叉持股、铁总与"大交通"交叉持股、铁总与其他领域交叉持股、铁总与地方国资交叉持股以及铁总与非公有资本交叉持股。

　　总体来说，本书内容丰富，涉及面广，政策性极强，实践价值高，写作难度大。但是，考虑到当前铁路改革发展的严峻形势，亟须出版全面深化铁路改革系列丛书以表达作者的思考与建议。未来的研究还需要各领域专家学者和相关从业人员从科学理论与实际经验出发，对铁路混合所有制进行进一步的完善。

　　编写铁路改革研究丛书的初衷在于试图构筑全面深化铁路改革的完整体系，但受作者水平和精力所限，本书关于铁路混合所有制的分析和研究还处于较为浅层的阶段，在叙述与表达上也可能存在诸多不妥；而且，对于若干个关键问题的阐述可能也不够深入，甚至存在不少错误之处，恳请专家与读者提出宝贵意见和建议，以便再版时修改、完善。

　　西南交通大学黄蓉、陈瑶、丁祎晨、唐莉、王孟云、乔正、诚则灵、任尊、雷之田、戴文涛、曹瞻、胡万明、李斌、张瑞婷、池俞良、马寓、曾江、赵柯达、杨明宇、霍跃、宗小波、熊超、卓华俊、罗桂蓉、徐莉、孙晓斐、李岸隽、陆柳洋、谢媛娣、徐跃华、丁聪、石晶等同学在本书撰写工程中承担了大量的资料收集、整理工作。感谢他们为本书的撰写和出版所做出的重要贡献。

　　最后，本书付梓之际，衷心地感谢所有关心本书、为本书做出贡献的专家、学者以及铁路系统相关领导同志！

左大杰

2018 年 11 月 2 日